Feuer

waffen
in Farbe

Joseph G. Rosa und Robin May

SÜDWEST VERLAG MÜNCHEN

Titel der englischen Originalausgabe:
»The Pleasure of Guns«

Übersetzung und deutsche Bearbeitung:
Arnim Winkler

Fachliche Beratung:
Josef Klingshirn

1. Auflage 1977 · 1.—20. Tausend

ISBN 3 517 00598 3

Druck: Mandarin Publishers Limited
Westlands Road, Quarry Bay,
Hong Kong
Printed in Hong Kong

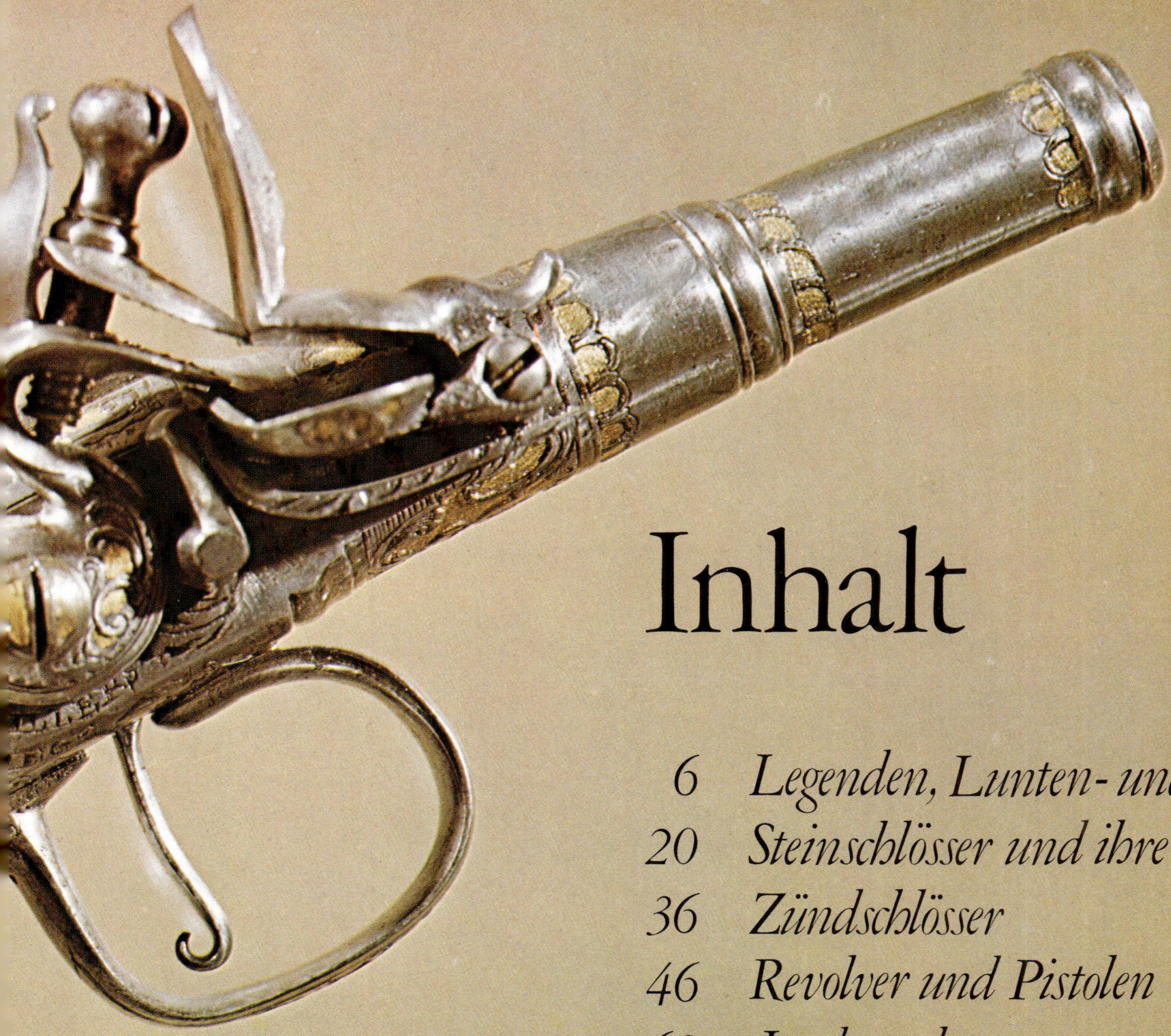

Inhalt

Legenden, Lunten- und Radschlösser

Das Schießpulver war spätestens Hauptdarsteller im Reigen der Kriegsmittel geworden, als der unselige König James II. von Schottland »ganz zerteilt wurde, als eine schlecht gefaßte Waffe im Schloß zerbrach, so daß er . . . hastig sterben mußte«. Das geschah 1460 bei der Belagerung von Roxburgh, aber damals war Pulver schon seit Jahren für den Krieg verwendet worden.

Seit wann genau, ist allerdings immer noch Sache der Vermutung, denn wie bei so vielen Erfindungen und Entdeckungen weiß niemand, wann sich das Ereignis abspielte, außer natürlich die Verfasser gewisser Schulbücher und volkstümlicher Lexika.

Manche glauben, daß als erste die Chinesen Salpeter, Kohle und Schwefel mischten und damit Schießpulver herstellten; andere meinen, daß die Araber, als Europa die dunklen Zeiten des Mittelalters erlebte, die todbringende Mixtur entdeckten. Sicher ist, daß man in Asien Mischungen mit Salpeter hatte, doch nicht zu dem ausschließlichen Zweck, Explosionen zu erzielen. Das »Griechische Feuer«, das Byzanz gegen die Horden des Islam benutzte, als diese im 7. Jh. Konstantinopel belagerten, war eine zwar nicht explosive, aber doch sicherlich unangenehme Mischung von Naphtha, Schwefel und Pech.

Zwei Namen werden meist in Verbindung mit der Erfindung des Pulvers genannt. Der erste findet sich zwar in vielen Schulbüchern; es ist der Mönch Berthold Schwarz, der auch ein Denkmal in Freiburg im Breisgau hat; ihm soll seine Erfindung 1353 gelungen sein. Dieses Datum liegt aber so spät, daß manche seiner Parteigänger behaupten, er hätte zu diesem Datum die Kanone erfunden. Wieder andere sagen freilich, es hätte ihn nie gegeben.

Etwas besser als mit dem Franziskaner steht es mit Roger Bacon (etwa 1214 bis 1292). Er stammt aus Somerset, studierte in Oxford und Paris, war echter Wissenschaftler, und seine Schriften verschafften ihm zehn Jahre Gefängnis, weil er sich mit Zauberei abgegeben habe. In diesen Werken findet sich ein Kryptogramm, dessen Auflösung seine Kenntnis von den Geheimnissen des Schießpulvers beweisen soll, auch wenn er es nicht erfand. Er war aber weitsichtig genug, die Bedeutung des Pulvers für das Kriegswesen zu erkennen. Wenn es auch noch Jahrhunderte dauerte, bis man reinen Salpeter herstellen konnte, war doch klar, daß die Erfindung das Kriegswesen verändern würde und damit die Welt des Mittelalters überhaupt.

Im 13. Jh. kämpfte man in Europa und auch sonst in der Welt mit Waffen, die Variationen eines gleichen Themas waren: Schwert, Lanze, Schlachtaxt und Bogen. Der englische Langbogen, der in Wales erfunden wurde, war nach der Schlacht von Crécy 1346 in der ganzen Welt gefürchtet. Bei richtigem Gebrauch sandte er ganze Wolken von Pfeilen auf den Gegner, der bis zu 250 Meter entfernt stehen konnte. Seine Breitenwirkung blieb bis zum amerikanischen Bürgerkrieg unerreicht.

Die Armbrust dagegen konnte, obwohl stärker und leichter zu bedienen, immer nur einen Pfeil abschießen statt der sechs bis zwölf, die der Langbogen auf einmal lossandte. Der wirksame kurze türkische Bogen war gegen Feuchtigkeit anfällig und nur für trockenes Klima geeignet. Auch die Sehne des Langbogens durfte nicht naß werden; davon abgesehen war er die beste Waffe für jedes Wetter.

Bevor das Schießpulver »alle Menschen gleich groß machte«, wie Thomas Carlyle bemerkte, war der Krieg für die Oberen ein ritterliches Geschäft. Ein Ritter verteidigte seine Ehre, oder die eines anderen, von Mann zu Mann. Der große, unterstützende Infanteriehaufen war bei solchen heldenhaften Taten nur Hintergrund und wurde als notwendiges Übel betrachtet. Die meisten Edlen hatten für die Bauern, aus denen ihre Armeen bestanden, kaum etwas übrig, und die Armbrust wurde, auch wenn etwa von genuesischen Könnern bedient, nur als unritterliche Waffe angesehen. Das Schwert aber, mit seiner klaren Bestimmung, galt als ehrenhaft. So war auch die Bewunderung ganz außergewöhnlich, die Eduard III. und sein Gefolge den Bogenschützen zollten.

Wer der Ansicht ist, daß Gewehre die Demokratie auf den Schlachtfeldern Europas einführten, zählt sicherlich die Bogenschützen von Crécy und Poitiers zu ihren Vorläufern.

Vorhergehende Doppelseite: *Das Radschloß soll entweder in Süddeutschland oder in Norditalien erfunden worden sein. Die Büchsenmacher wandten dem Schloß ebensoviel Aufmerksamkeit zu wie dem Schaft. Man beachte bei beidem die Vielfalt der Ausschmückung und die Entwürfe der Einlegearbeit in Elfenbein und Perlmutt. Direkt unter der Pfanne ist am Rad die vierkantige Achshalterung zu sehen, worauf der Schlüssel oder Aufzieher steckt. Wurde er gedreht, so rollte sich eine Kette auf und spannte so die Feder im Rad. Nachdem der Hahn oder Halter des Pyritsteines auf die Pfanne niedergelassen war, wurde das Rad ausgelöst und schlug nun gegen den Pyrit, wodurch Funken in die Pfanne sprühten und damit Pulver und Ladung in Bewegung setzten.*

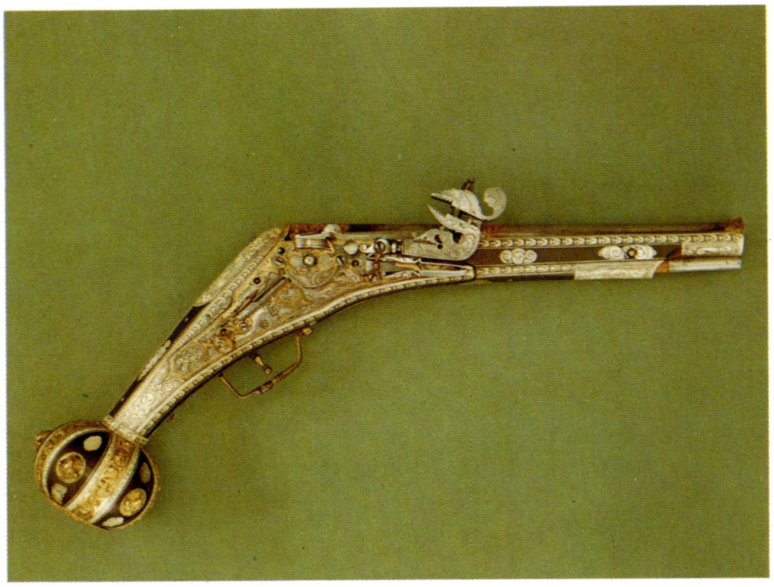

Oben: *Diese schöne Radschloßpistole wurde 1580 in Deutschland von Wolf Stapler, Nürnberg, hergestellt. Die Ausschmückung ist beachtlich.*

Darunter: *Belagerung einer Stadt nach einer englischen Chronik. Die Zeichnung macht die vernichtenden Möglichkeiten des Schießpulvers und den Einfluß der »neumodischen Feuerwaffen« auf die Kriegsführung des 14. und 15. Jh.s deutlich. Interessant ist aber, daß dabei, und zwar gemeinsam, Armbrust und Langbogen weiter verwendet wurden, unter Bevorzugung der Armbrust. Die Hauptsache im Bild ist jedoch der große Mörser. Er ist eines der frühesten Beispiele der Artillerie, sein Name kommt von der Ähnlichkeit mit den Apothekermörsern.*

Vermutlich erprobte man den Einfall, Geschosse mit Hilfe des Schießpulvers zu »schleudern« nicht vor 1300, und Handwaffen in Form von kleinen Kanonen dürfte es erst ein halbes Jahrhundert später gegeben haben. Ein erstes festes Datum ist 1326, denn in diesem Jahr veranlaßte der Rat von Venedig die Anfertigung von Eisenkugeln und Metallröhren für die Verteidigung der Stadt; entsprechende Schriftstücke beweisen es. Im gleichen Jahr überreichte Walter de Milemete, der Kaplan Eduards III., diesem eine Denkschrift mit einem kolorierten Bild, das eine Kanone in Vasenform beim Abfeuern eines Pfeiles zeigte. Ein Ritter entzündet die Ladung, und das Geschützrohr scheint aus Messing zu sein. Hier also liegen datierte Belege vor.
Frühe Kanonen dürften einfache Fässer oder Rohre gewesen sein, in die man Pulver und Steine oder Pfeile füllte. Wenn alles gut festgestopft war, zündete man die Ladung durch eine Öffnung mit Hilfe eines rotglühenden Eisenstückes, dem »Feuereisen«.
Die Feuerwaffe als »Erfindung des Teufels«, wie manche sie nannten, veranlaßte bald eine weit grausamere Einstellung zum Geschäft des Tötens. Wenn auch Handfeuerwaffen nur sehr langsam Schüsse abgeben konnten, so durchschlugen ihre Projektile doch eine Rüstung, und wenn jegliches Zielen auch nur sehr mangelhaft möglich war, so konnten genug Schüsse, die auf eine gedrängte Menge abgegeben wurden, doch schwere Verluste verursachen. Bis zum Ende des 16. Jh.s war der Bogen veraltet. Krieg als ritterlicher Sport war endgültig vorbei.
Die Erfindung wurde stetig verbessert. Der hölzerne Schaft wurde im 14. Jh. eingeführt, um mit dem Rückschlag und der Hitze des Metalls fertigzuwerden. Um das Abfeuern zu beschleunigen wurde das Luntenschloß erfunden. Was man heute einen Schuß lösen nennt oder Zündung, erschien damals zuerst mit der Lunte und ihrer Halterung.
Die Lunte war nur ein lose gedrehter Strick oder ein Hanfdocht, der in eine Lösung von Salpeter und Weingeist getaucht worden war. Zündete man sie an, so brannte sie nur langsam, etwa wie glimmende Kohle. Später wurde ein Luntenhalter am Gewehr angebracht, ein Eisenstück etwa in S-Form, das sich um eine Mittelachse drehte. Darunter war die Pfanne mit Pulver darin, das durch ein ebenfalls mit Pulver gefülltes Loch mit dem Pulver im Lauf in Verbindung stand. Wenn sich nun die »Schlange«, wie der Luntenhalter auch geannt wird, abwärts neigte, wurde das Pulver gezündet und dadurch das Gewehr abgeschossen.
Büchsenmacher legten schon damals großen Wert auf das Aussehen der Waffen und strengten sich an, die Rivalen auch darin auszustechen. Inzwischen entwickelte sich das Luntenschloß weiter und nahm in verschiedenen Ländern unterschiedliche Formen an. Das Ergebnis ist verwirrende Vielfalt der Namen, wie Hakenschaft, Hakenbüchse, Arkebuse, Calivers und Petronels. Unter Arkebuse verstand man eine Waffe, die von Schulter oder Brust aus ohne Auflage abgefeuert wurde.
Wenn auch das Luntenschloß in verschiedener Ausführung bis ins 19. Jh. überlebte — besonders in Japan und Indien —, wurde es doch schon in den Tagen des eigenen höchsten Ruhmes durch ein weit komplizierteres Schloß ersetzt. Dies war das berühmte, viel bewunderte Radschloß, das man etwa mit einem heutigen Feuerzeug vergleichen könnte. Ein Rad oder eine Scheibe aus gehärtetem Stahl mit geriffeltem Rand hat im Mittelpunkt eine Achse mit anhängender kleiner Kette, die mit einer kräftigen Feder in Art einer Uhrfeder verbunden ist. Dreht man nun das Rad von Hand oder mit einem Schlüssel oder einem Hebel, so wird die Feder über die Kette aufgezogen. In dieser Lage wird sie durch eine einfache Abzugvorrichtung festgehalten, die bei Lösung sofort die Feder veranlaßt, sich mit großer Gewalt auszudehnen und dabei entsprechend heftig das Rad mitzunehmen. Ein Teil des Rades ragt etwas in die Pfanne hinein, und mit einer kleinen Feder ist ein Stück Eisenpyrit (FeS_2) dagegengepreßt, so daß vom Rad Funken daraus geschlagen werden. Gleichzeitig mit der Radauslösung drückt eine andere Vorrichtung des Schlosses den Schutzdeckel über der mit Pulver gefüllten Pfanne beiseite, so daß die Funken zünden können und damit die Ladung zum Abschuß bringen. Wenn auch diese Beschreibung reichlich kompliziert klingt, so ist das Radschloß doch recht einfach im Gebrauch.

FP

Linke Seite oben: Diese einfache, aber technisch gute Luntenschloßwaffe ist bemerkenswert durch das Wappen des Papstes Julius III. oben auf dem Lauf. In Turin hergestellt.

Linke Seite unten: Der ganze Lauf und das Schloß dieses ebenfalls in Turin hergestellten Gewehres mit Luntenschloß wurden ätzverziert und dann vergoldet. Abweichend von vielen anderen Waffen der gleichen Zeit ist der Schaft unverziert mit Ausnahme der Einlegearbeiten vorn seitlich, die sehr gut ausgeführt sind.

Links: In Deutschland war man besonders geschickt, das Nützliche mit dem Schönen zu verbinden, wie diese Luntenschloß-Muskete von etwa 1600 zeigt. Der sehr schöne Schaft mit Einlagen in Perlmutt und Bein ist mit dem verbesserten Zündschloß ausgestattet, das gegen Ende des 15. Jh.s aufkam. Es war einfach und verhältnismäßig preiswert herzustellen. Der lange Zündhebel wird um eine Achse in der Schloßhülse bewegt. Das eine Ende ist mit dem Luntenhalter (der Schlange) versehen, das andere mit einer Hebelverlängerung, die auch als Abzug gebraucht wird. Der Druck der Spannfeder hält die Schlange von der Pfanne fern; wenn man aber den verlängerten Hebel abzieht, wird sie auf das zu zündende Pulver gedrückt.

Unten: Noch beträchtlich nach der Erfindung des Radschlosses ist diese Muskete mit Luntenschloß mit 1610 datiert und trägt ferner die Initialen FP auf dem Schaft. Wahrscheinlich diente sie einem Manne aus dem engeren Gefolge eines Adeligen. Bemerkenswert ist das Schloß, das mit einer Radattrappe versehen ist, wodurch der gefälligere Eindruck einer Waffe mit Radschloß erweckt wird.

Links: Belagerung der Festung bei Ranthambhor Rajastan in Indien während der Regierung des Großmoguls Akbar. Die erstaunliche Darstellung zeigt, wie Belagerungsgeschütze von Ochsen in Stellung zum Angriff von 1568 gezogen werden. Man erkennt, wie sehr das Schießpulver bereits die Kriegsführung des Ostens beeinflußt hat. Die Betrachtung der Einzelheiten zeigt ferner, daß bereits erstaunlich unterschiedliche Waffen Verwendung finden, darunter auch Radschloßbüchsen.

Rechts: Die Janitscharen des Sultans Suleiman des Prächtigen (1494 bis 1566) gehen 1548 zum Angriff auf das von Persern besetzte Schloß am Vansee vor. Sie tragen ihre Radschloßgewehre so, daß sie diese sofort verwenden können. Die Janitscharen waren berühmte Söldner des Ottomanischen Reiches und wurden zuerst im späten 14. Jh. als Kern eines stehenden Heeres aufgebaut. Sie hatten das Recht, ihre eigenen Waffen zu wählen und zu tragen. Später waren sie in mehrere Palastrevolutionen verwickelt und wurden 1826, als sie gegen Mohammed II. revoltierten, niedergemacht und als Truppe aufgelöst.

Unten: Eine interessante Waffe des 18. Jh.s aus Indien mit drehbarem Radschloß, die Samuel Colt 1851 in London entdeckte. Sie war aus dem Eigentum des Lord William Bentinck auf den Markt gekommen, von sehr guter Qualität, aber ohne Angabe des Verfertigers. Colt notierte sich, daß »der Verschluß von Hand zu bewegen war, fünf Kammern umfaßte, jede mit einer Zündpfanne und beweglichem Schutzdeckel. Der zylinderförmige Verschluß drehte sich um eine Welle in Laufrichtung und mit dieser verbunden, der seinerseits am Ende, also direkt am Verschluß, so erweitert ist, daß er im Durchmesser der jeweils vorgedrehten Kammer entspricht, sie also dicht abdeckt«. Die Waffe konnte fünfmal mit Geschossen versehen und abgeschossen werden, ohne daß Pulver neu aufgefüllt werden mußte.

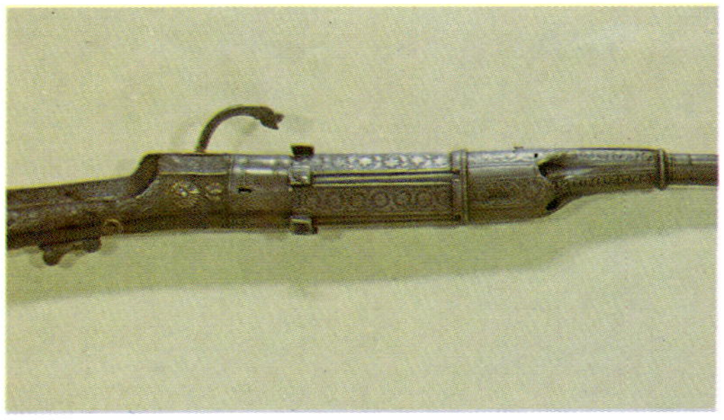

Oben: Diese türkische Waffe mit Radschloß aus dem 17. Jh. ist die einfache und noch unentwickelte Vorgängerin einer Flinte, wie sie Seite 19 oben abgebildet ist, und die bereits das Mittelmeer- oder Miquelet-Schloß hat.

Links: Eine schöne Waffe mit Radschloß von etwa 1640 aus Brescia. Diese Stadt ist berühmt als Zentrum der Waffenfertigung im nördlichen Italien und hat lange handwerkliche Tradition, auch für die Ornamentik.

Rechts oben: Reich und schön geschmückte Radschloßpistole, aber bei aller Schönheit augenscheinlich doch auch für den Gebrauch konstruiert und nicht nur, um bewundert zu werden. Ornamentierung der Feuerwaffen ist bereits seit den Anfängen gebräuchlich und auch heute noch im Orient üblich.

Rechts Mitte: Zwei schöne Paare Radschloßpistolen, das obere aus Frankreich von François Poumerol um 1610. Hier ist die Ornamentierung auf ein Minimum beschränkt, aber Gestalt und Form sind äußerst gefällig. Das untere Paar aus Holland stammt von etwa 1625; die einfache Ausführung läßt annehmen, daß es für militärischen Gebrauch gedacht war.

Rechts unten: Im 16. Jh. wurden die Söhne des Adels schon sehr früh im Waffengebrauch und in der Jagd ausgebildet. Diese sehr schön verzierte Radschloßpistole, im Halfter zu tragen, wurde etwa 1590 für einen Knaben angefertigt. Der Stil der Einlegearbeit ist typisch für die Zeit, so untypisch das Stück selbst ist. Das eingelegte Elfenbein verdeckt das unterliegende Holz nahezu völlig.

Unten: Pistolen, in der ersten Hälfte des 17. Jh.s in der für den Münchner Hof tätigen Werkstatt angefertigt. Die obere Pistole hat einen mit Elfenbein überzogenen Griff und ziselierte sowie vergoldete Deckplatten am Schloß; beide haben ziselierte Läufe mit Goldeinlagen. Zwischen beiden Pistolen eine zierliche, sehr schöne Pulverflasche.

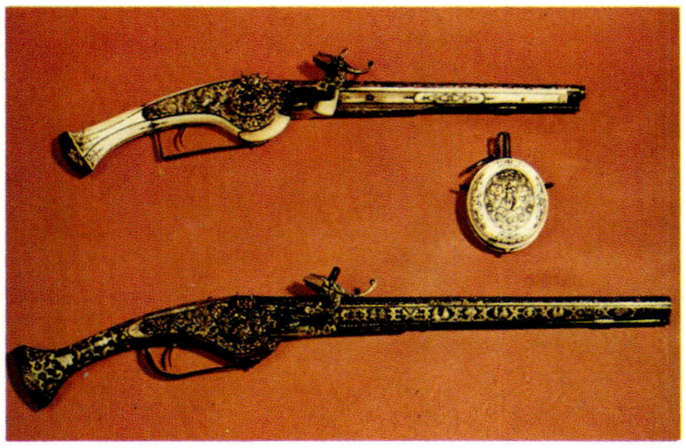

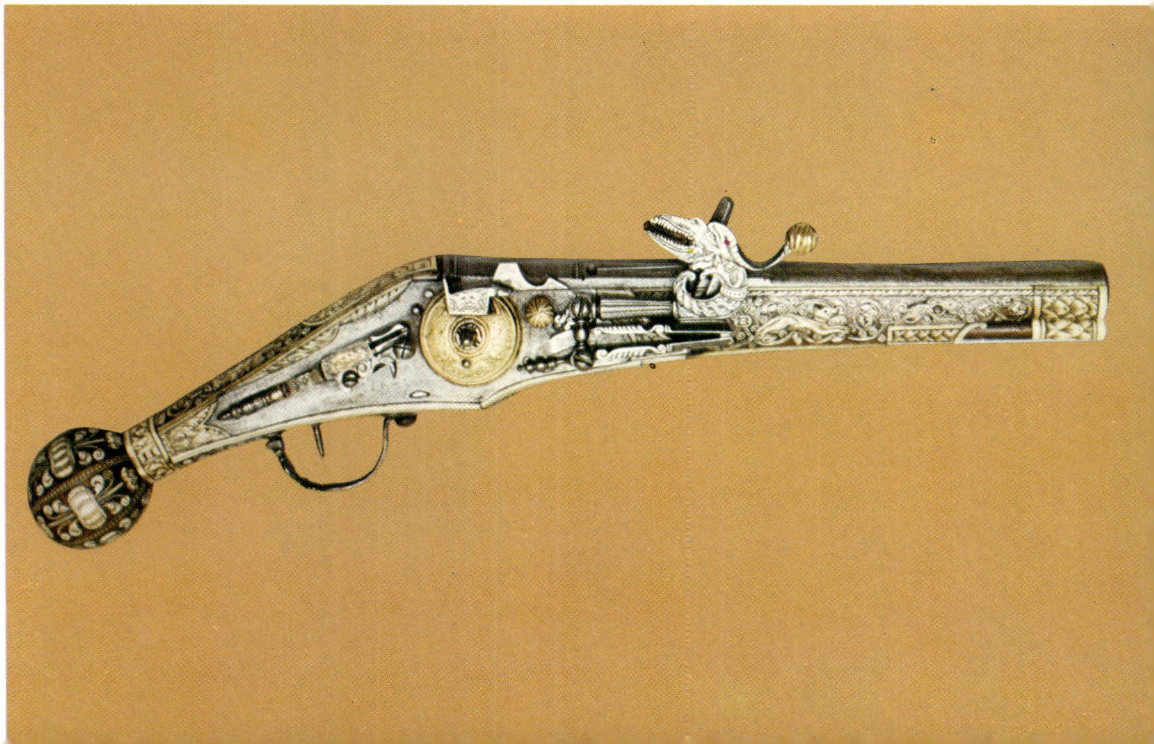

Oben: Der bemerkenswerte deutsche Radschloßkarabiner, um 1620, ist so gestaltet, daß er 22 Schüsse nahezu gleichzeitig mit Hilfe aufeinandergesetzter Ladungen aus fünf Läufen abgeben kann. Man kann sich unschwer die Stärke des Rückschlages auf den Schützen vorstellen, aber die Idee machte Schule. Später, als das Steinschloß aufkam, wurden Waffen mit mehrfacher Schußmöglichkeit recht häufig.

Mitte: Unverzierte Radschloßwaffen sind eher die Ausnahme als die Regel, und diese hier diente vermutlich als Militär- oder Sportwaffe. Die technische Einrichtung des Radschlosses liegt hier außen, also nicht unter einer Deckplatte, und ist entsprechend überschaubar.

Unten: Diese schöne italienische Kombination einer Waffe mit Lunten- und Radschloß, bei der beide Zündsysteme mit dem gleichen Abzug betätigt werden, und die sich auch gleichzeitig bewegen, datiert von etwa 1620 und soll einer der bekannten Farnese-Familien gehört haben. Das außen angebrachte Rad hat eine ringförmig verzierte Deckplatte. Der Schaft aus italienischem Walnußholz ist mit Silberdraht und anderen Einlagen verziert, und der Kolben ist stark nach unten gebogen. Hoheiten, aber auch andere, hatten manchmal ausgefallene, wenn auch nicht uninteressante Wünsche für die Verzierung ihrer Gewehre. Die Verbindung zweier Zündsysteme wird unterstrichen durch die »Verbindung« des Paares, das auf der Silbereinlage des Schaftes gezeigt wird.

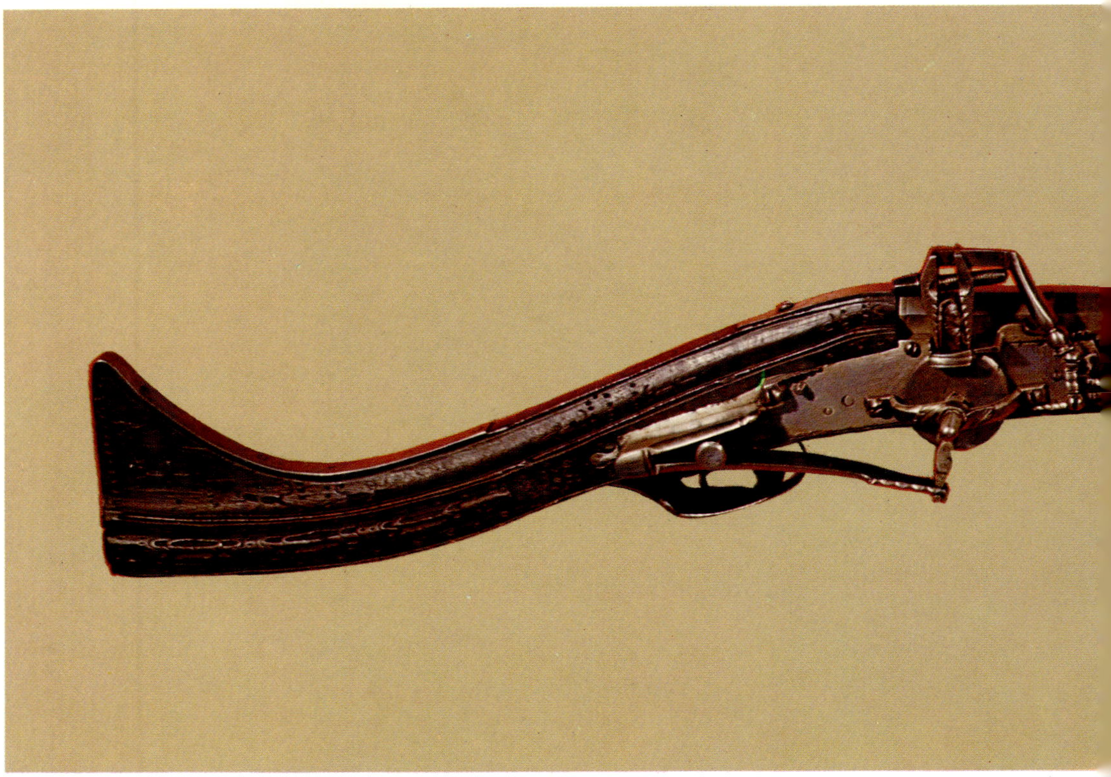

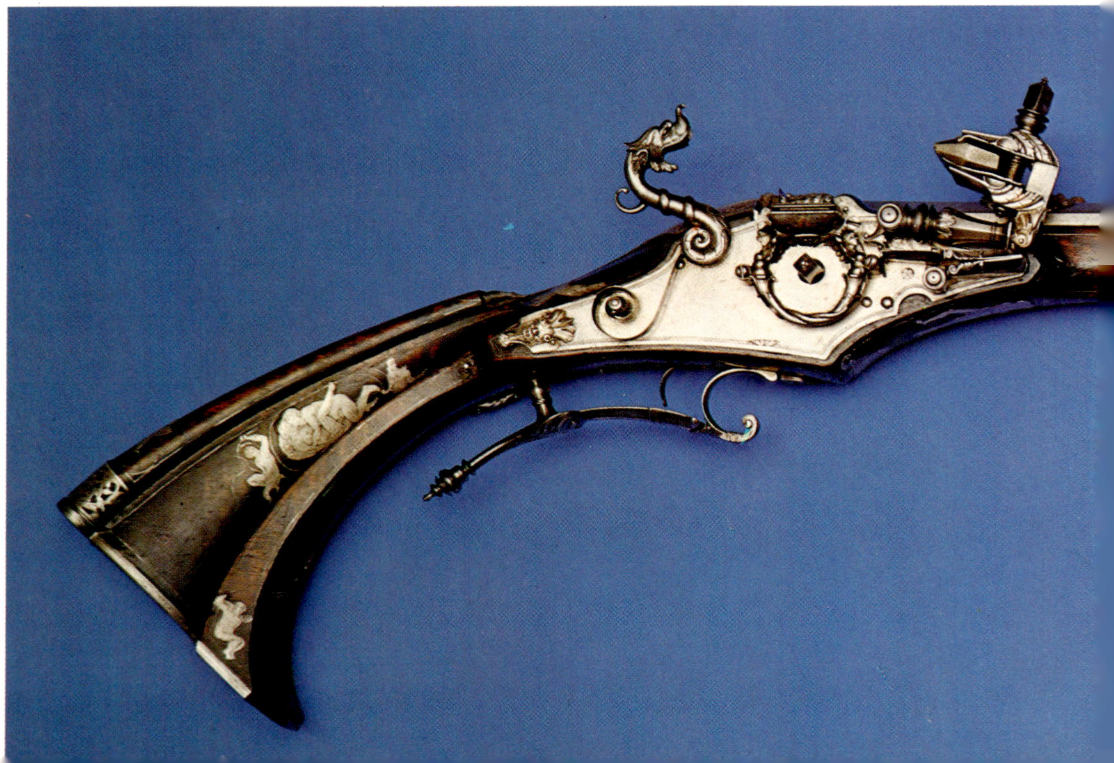

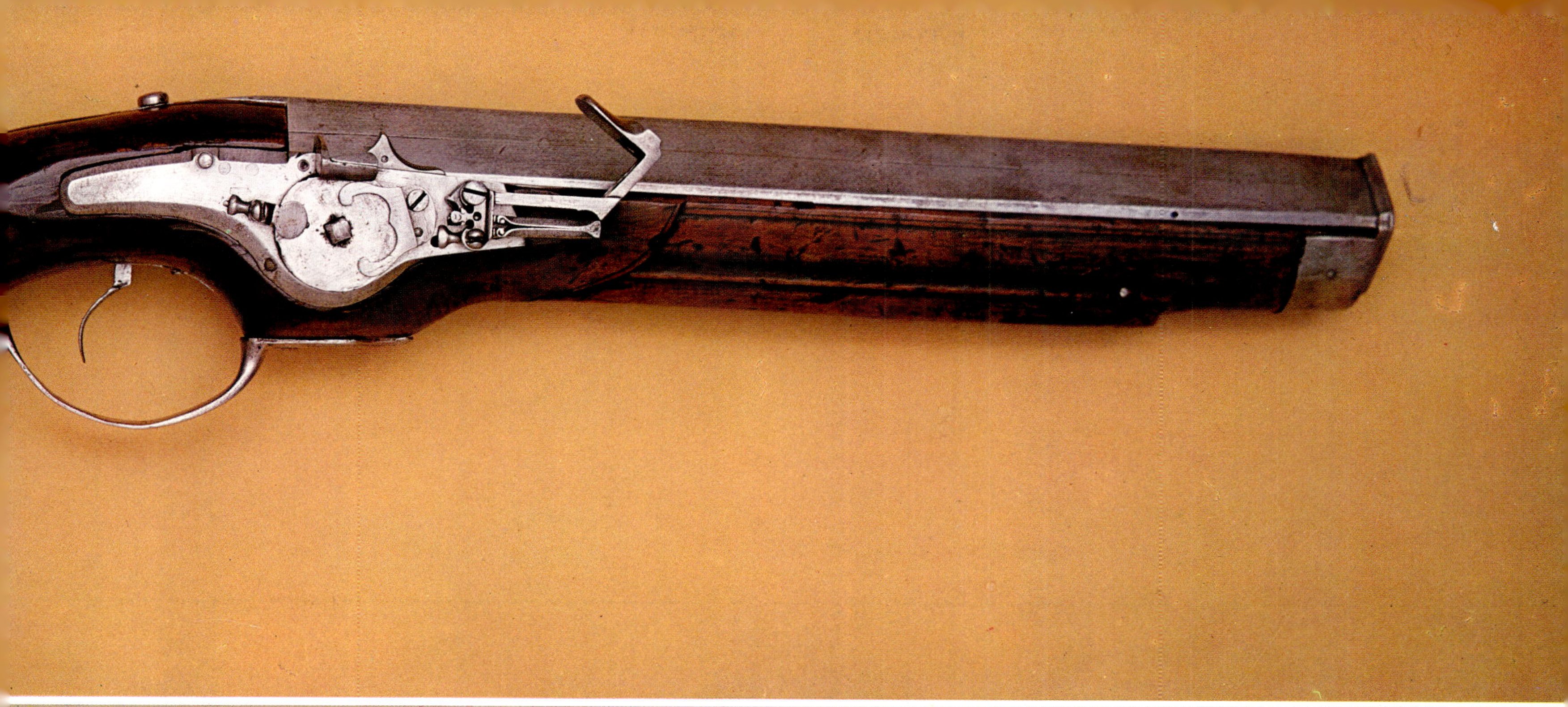
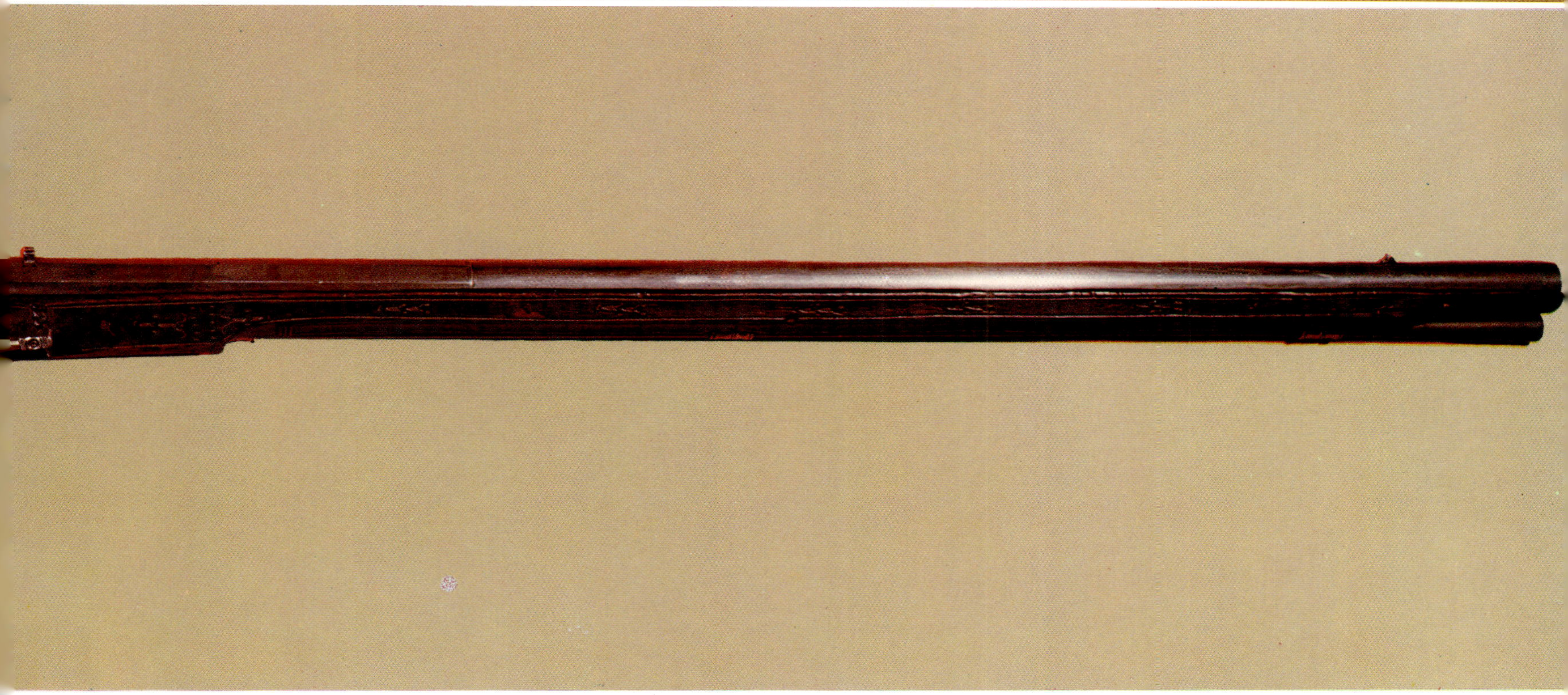

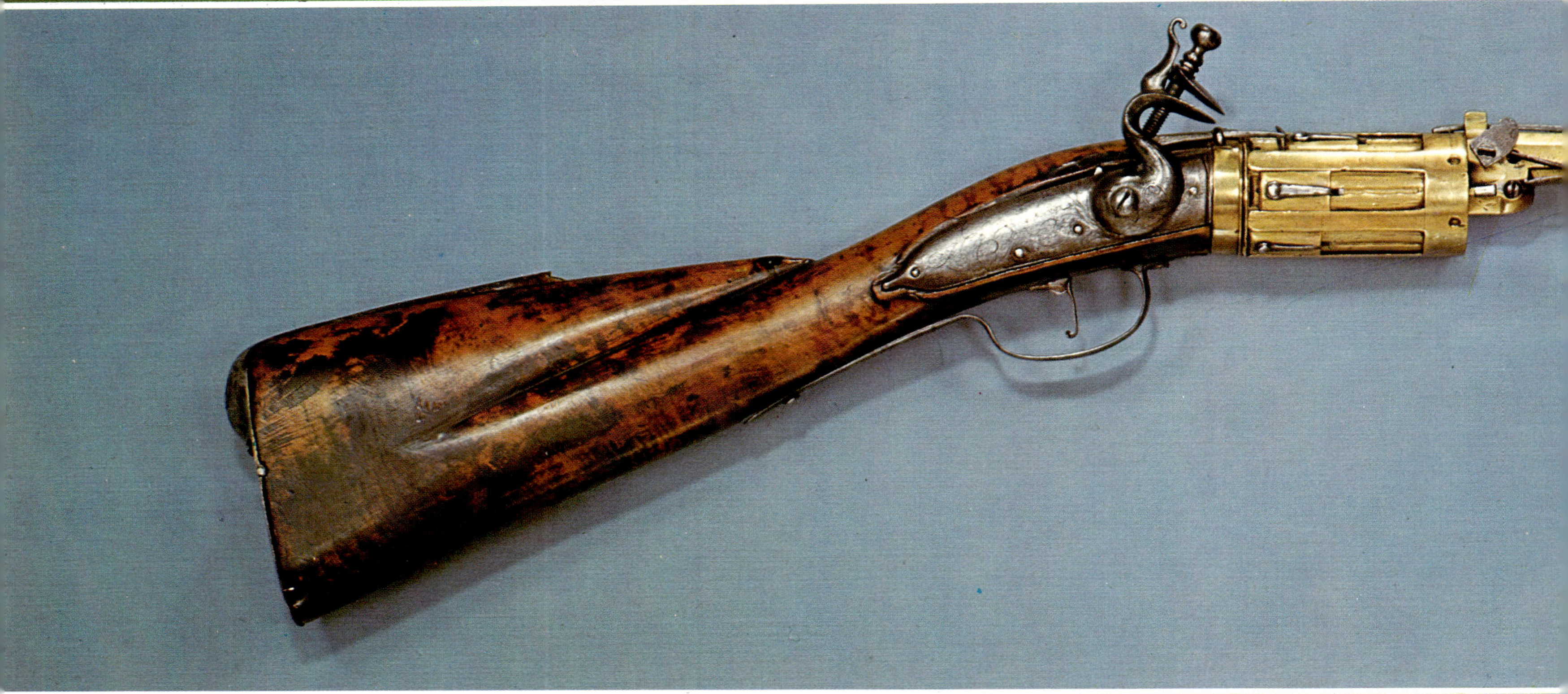

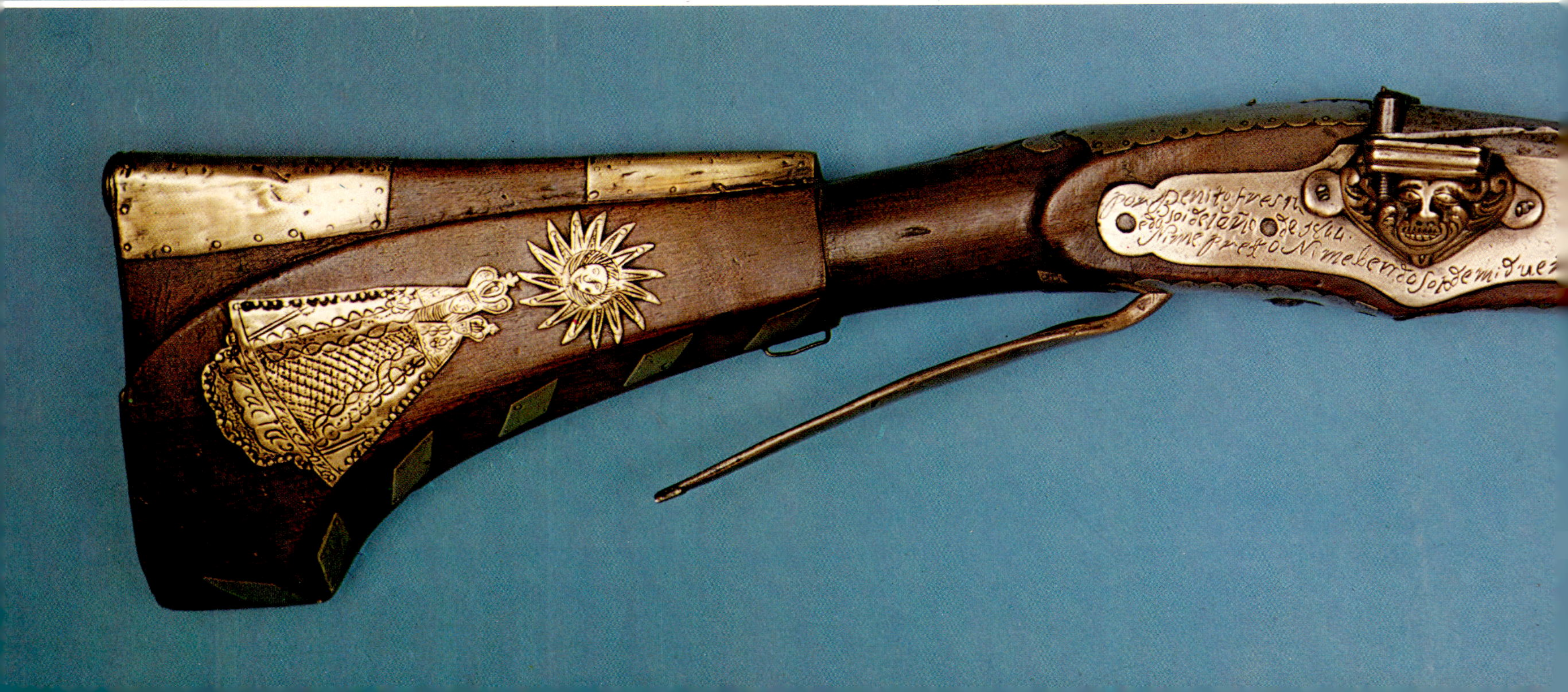

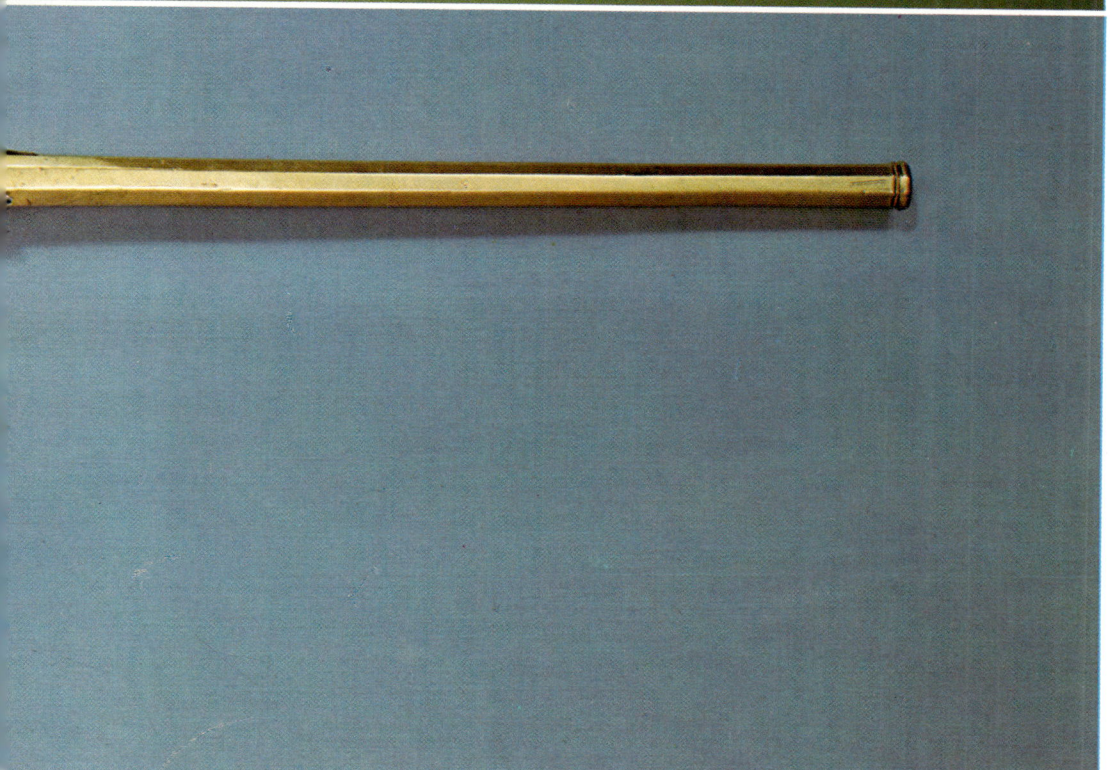

Oben: Ein türkisches Gewehr des 19. Jh.s mit gezogenem Lauf und einer türkischen Variante des Miquelet-Schlosses, die im nächsten Abschnitt beschrieben wird. Der Schaft ist typisch für die überlangen türkischen Waffen des 18. und 19. Jh.s und ist mit Gold, Silber und grün eingefärbtem Elfenbein verziert. Die Metallbänder, die den Lauf halten, sind aus verziertem Silber. Die Laufaußenseite ist gehämmert und vorn sowie am Schloß mit Goldeinlage verschönt.

Mitte: Dieses Revolvergewehr mit Schnapphahnschloß wird dem Londoner Büchsenmacher John Dafte zugeschrieben und ist um 1680 hergestellt. Es hat Kaliber .46, ist ein Sechsschüsser, 84 cm lang, davon der Lauf allein 44,5 cm und wiegt über ein Kilogramm. Der Zylinder (Revolver) wird von Hand gedreht, in beide Richtungen. Ein Riegel mit Bolzen greift in Sperren ein, die außen hinten eingeschnitten sind. Die Pfannendeckel sind Messingplatten, die in Rillen gleiten und von einem Hebel am Hammer bewegt werden. Im Jahr 1851 hielt Samuel Colt einen Vortrag im Institute of Civil Engineers in London, auf welcher Veranstaltung er anschließend Ehrenmitglied und mit der Telford-Medaille ausgezeichnet wurde. Naheliegendes Thema seines Vortrages war die maschinelle Herstellung von Gewehren, und die hier abgebildete Waffe gehörte zu denen, die den Vortrag und dessen spätere Veröffentlichung illustrierten.

Unten: Zündschloßwaffen, darunter viele aus Japan, waren bis weit ins 19. Jh. beliebt. Hier jedoch eine späte nichtorientalische Abart aus Spanisch-Amerika von 1844, wie aus der gravierten Inschrift hervorgeht. Das Schloß ist vom einfachsten Luntentyp, und der Schaft ahmt den damals beliebten katalanischen Stil nach.

Steinschlösser und ihre Rivalen

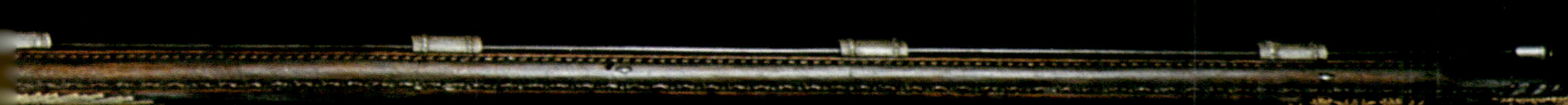

Am 13. September 1759 hielt eine mehr als dünne Kette britischer Soldaten die Abrahamshöhe in Kanada besetzt. Sie standen da oben wie Statuen, als die Franzosen im Laufschritt angriffen. Erst als diese nur noch 40 Meter entfernt waren, gab General Wolfe den Befehl zu feuern. Diese eine Salve war eine der entscheidendsten in der Kriegsgeschichte, denn sie bedeutete das Ende von Französisch-Kanada.

Das Brown-Bess-Gewehr mit Steinschloß war die Ursache dieser Metzelei. Schon immer konnte man mit ihm auf kürzere Entfernung ganz gut zielen, besonders, wenn die Schützen gut diszipliniert waren, und bei dieser Gelegenheit übertrafen sie alle. Von Sir John Fortescue, dem Geschichtsschreiber der britischen Armee, wird diese Salve als die beste je auf einem Schlachtfeld abgefeuerte beschrieben, und wenn es auch noch gut ein Jahr dauerte, bis die Franzosen Kanada räumten, war der Ausgang nach diesem Treffen nicht mehr ungewiß. Dieser stolzeste Augenblick in der langen Geschichte der Brown Bess ist der des Steinschlosses überhaupt.

Das Wort »lang« umfaßt die Vorläufer mit. Das Radschloß war ein mechanisches Wunderwerk, aber es war kompliziert. Bald tauchten andere, weniger schwierige Formen der Zündung durch Funken auf. Unbekannt ist, wie im einzelnen diese frühe Entwicklung vor sich ging. Die Texte drücken sich wenig genau aus, wenn sie von Gewehren des späten 15. und frühen 16. Jh.s handeln. Vor den Jahren um 1540 liegen keine Zeugnisse vor, daß das Radschloß durch andere Zündformen ersetzt worden war. Von denen, über die wir mehr wissen, ist das wichtigste das Schnapphahnschloß, dessen Ursprung je nach Ansicht Skandinavien, Holland oder Italien war. Sein sonderbarer Name kommt aus dem Flämischen, und die Legende schreibt die Erfindung Wilddieben zu, die, wie es scheint, zu leicht von den Hunden der Bauern entdeckt wurden, wenn sie glühende Kohlen für die Luntenbüchsen mit sich führten. Sie erfanden deshalb, so heißt es weiter, ein Schloß, bei dem auf die Lunte verzichtet werden konnte, und das dafür eine Vorrichtung zum Funkenschlagen hatte. Das also war der Anfang der Schnapphähne, der Bösen, die sich Hühner schnappten.

Das klingt alles ausgezeichnet, stimmt aber nicht ganz. Wahr ist vielmehr, daß die Bewegung des frühen holländischen Schlosses, wenn es gespannt war und abgefeuert wurde, an die Bewegung eines pickenden Hahnes auf dem Hühnerhof erinnerte. Da der Feuersteinhalter oder der Halter des Pyrites Hahn genannt wurde und der Stahl, gegen den er schlug, Henne hieß, wurde die Bezeichnung schnell bekannt und beliebt; in verschiedenen korrumpierten Formen lief der Name Schnapphahnschloß quer durch ganz Europa, etwa als Snaphance usw.

Die Schnapphahnflinte war eine Waffe mit einem großen Hahn in S-Form, der den Feuerstein (Flint) hielt. Die Pfanne mit dem Zündpulver war mit einem gleitenden Deckel versehen, der beim Abfeuern ebenfalls durch den Hahn bewegt wurde. Der Stahl, gegen den der Stein schlug, um Funken hervorzurufen, wurde durch eine Feder entweder in Bereitschaft direkt über der Pfanne festgehalten, oder vorwärts und nicht hindernd niedergelassen. Diese Stellung kann als Sicherung bezeichnet werden, weil versehentliches Lösen des Abzugs und des Schusses in dieser Lage ausgeschlossen waren.

Die Holländer hatten gute Handelsbeziehungen, und der »Pickende Hahn« war bald weit nördlich in Skandinavien zu finden und südlich in Afrika. Dort wurde er auch kopiert; richtige »frühe« Schnapphähne wurden in Marokko noch um 1880 hergestellt.

Eine Verbesserung des Steinschlosses ist das Miquelet-Schloß, das in Spanien und Italien sehr beliebt war. Das wesentliche der Konstruktion ist die Verbindung von Stahl und Pfanne. Wenn der Hahn niedergeht, schlägt der von ihm gehaltene Stein auf den Stahl, der jetzt L-Form hat, durch eine Feder beweglich ist und sich zum Anprall vorwärts neigt; dabei setzt die Pfanne gleichzeitig den entstehenden Funken frei.

Ein weiterer Unterschied zwischen den damals üblichen Schlössern und dem Miquelet-Schloß ist die Lage der Hauptfeder außerhalb des Schlosses. Diese Neuerung war besonders im Mittleren Orient beliebt, wo sie bis in die jüngste Zeit verwendet wurde.

Die Franzosen stellten das erste echte Steinschloß her; man kennt sogar den Namen des Erfinders. Seine Augen seien die eines Frosches, sein Gesicht bäuerisch, aber seine Seele wäre die eines Poeten. Er war Bildhauer, Maler und Fertiger von Musikinstrumenten. Sein Name war Marin le Bourgeoys und er gehörte zu einer Familie großer Büchsenmacher (siehe Seiten 66 und 67).

Dieser bedeutende Mann aus der Normandie stellte auch Armbrüste und Gewehre her. Er war so talentiert und vielseitig, daß er sogar der hohen Obrigkeit auffiel. Im Jahr 1608 wurde er zum Hofkünstler und -erfinder von Heinrich IV., dem König Huhn-im-Topf, ernannt und behielt diesen Posten auch unter Ludwig XIII., für den er das erste Steinschloß kurz nach dem Regierungsantritt machte.

Oben: *Schwertpistolen sind seltene Sammlerstücke. Die Steinschloßpistole hat einen Lauf aus Eisen, der Abzug ist mitten am Griff. Beachtlich auch die muschelförmige Abdeckung als Pistolen- und Handschutz.*
Darunter: *Eine einzige vernichtende Salve aus den Brown-Bess-Musketen der Engländer bereitete 1759 den Sieg gegen die Franzosen vor, der zur Besetzung von ganz Kanada führte. Der Kupferstich stellt die über längere Zeit ablaufenden Ereignisse auf einem Bild dar, von der Landung an der Steilküste vorn unten, der Salve auf der Abrahamshöhe darüber, der Schlacht auf der Ebene, bis zur Einnahme von Quebec.*
Vorhergehende Doppelseite: *Das prächtige Steinschloßgewehr ist die Arbeit von Nicolas Noël Boutet, Waffenmacher Napoleons, der seine Werkstatt in Versailles hatte. Handwerksarbeit und Ausschmückung sind atemberaubend! Besonders faszinierend die golden aufgesetzten Empire-Dekorationen auf der Schloßplatte, dem Hahn und der Pfanne.*

Die Bourgeoys- oder französische Steinschloßmuskete wurde viel nachgeahmt und verband Schnapphahn- und Miquelet-Schloß. Von dieser kam die Verbindung von Stahl und Pfannendeckel, jetzt unter dem Namen Brenner; von jenem wurde die innere Hauptfeder übernommen, die auf einer Zuhaltung sitzt. Aber le Bourgeoys' wichtigster Beitrag war die Neugestaltung der Zündung in einer Verbindung von Feststellern und Hammereinschnitten, auch Bogen genannt, so daß die jeweilig gewünschte Stellung des Hahnes, halb oder ganz gespannt, fixiert werden konnte. Bei den früheren Waffen arbeitete sie teils seitlich, teils seitwärts, hier aber senkrecht. Diese Verbesserung der Sicherheit und der Widerstandsfähigkeit des Schlosses wurde schnell erkannt, und die Erfindung wurde gerühmt. Bis 1635 war sie in ganz Europa bekannt.
Jedes Land entwickelte seine eigene Abart des Steinschlosses, und die Auffassung über militärische Handfeuerwaffen änderte sich völlig. Dann aber blieb das Steinschloß ohne weitere Verbesserungen gut zweihundert Jahre hindurch gebräuchlich.
Die Jäger übernahmen es für Waffen zur Hühnerjagd und für Sportgewehre. Pistolen wurden sicherer, und mit dem Steinschloß gab es nun auch echte Duellpistolen. Den größten Nutzen jedoch hatte das Heer. Um 1700 waren z. B. die englischen militärischen Waffen nicht mehr zweitklassig in Konstruktion und Wirkungsweise, sondern waren bereits wurden. Später ahmte die Regierung der Vereinigten Staaten selbst französische Modelle nach. Aber England produzierte das berühmteste von allen, die Brown Bess.
Mehr als ein Jahrhundert war diese innen glatte Waffe ohne Züge die Standardausrüstung der britischen Soldaten. Strittig ist aber, wie sie zu ihrem Namen kam. *Brown* mag einfach bedeuten, daß die Läufe gebräunt wurden, um Rost zu vermeiden. *Bess* kommt entweder von dem deutschen *Büchse,* oder, wahrscheinlicher, von Elisabeth als liebevoll abgekürzter Personifikation. Außerdem hatten die Waffen vorher schwarz angestrichene Schäfte, die Bess aber solche aus poliertem Nußholz.
Die lange Verwendungszeit erklärt sich aus der großen Haltbarkeit, der einfachen Handhabung und der verhältnismäßig großen Verläßlichkeit. Als Waffe mit glatter Bohrung war ihre Zielgenauigkeit fragwürdig, aber außer in unübersichtlichem oder im Waldgelände machte dies taktisch nicht viel aus. Wenn einige tausend Bess-Gewehre in die Reihen eines etwa 50 oder 100 Meter entfernt stehenden Feindes schossen, war diese Feuerkraft durchaus wirksam.
Die Soldaten Washingtons standen den Brown Bess gegenüber, aber auch die Franzosen in Spanien und bei Waterloo, wo die britischen Kader die französische Kavallerie dezimierten. Als sie dann nicht mehr so recht brauchbar war, verkaufte England die Bess zu Tausenden nach Latein-

standardisiert und wurden in Mengen gefertigt. In ganz Europa, aber besonders in Frankreich und Deutschland, wurden in staatlichen Waffenanstalten Gewehre fabrikmäßig hergestellt.
Um 1750 hatte auch die britische Regierung die Fabrikation durch Verordnungen geregelt, so daß alle benötigten Teile möglichst in England hergestellt wurden. In Kriegszeiten allerdings ließ sich dies nicht immer durchhalten. Teile wurden nämlich sowohl in London als auch in Birmingham hergestellt. Das Zusammenbauen, mal in der einen, dann in der anderen Stadt, funktionierte oft nicht, und so wurden selbst noch im 19. Jh. Waffen auch im übrigen Europa gekauft.
Die Steinschloßmuskete herrschte auf den Schlachtfeldern Europas und Amerikas seit dem frühen 18. Jh. bis in die zwanziger Jahre des 19. Jh.s vor. In Frankreich führten Verbesserungen zu den berühmten Charlevillewaffen, die bald auch von amerikanischen Waffenschmieden kopiert amerika. So ergab es sich, daß die Amerikaner im Krieg gegen Mexiko 1846/47 nochmals denselben Musketen gegenüberstanden wie in ihrem eigenen Unabhängigkeitskrieg oder wie im Krieg von 1812.
Im Unabhängigkeitskrieg war ein Rivale der Brown Bess die berühmte Kentuckyflinte, die zwar nur ein kleines Kaliber hatte, aber in ihrer großen Zielsicherheit von den deutschen Jagdwaffen herkam.
Inzwischen waren die Steinschloßmusketen zu recht gefährlichen Waffen geworden. Bei guter Pflege und rechtzeitig ersetzten Feuersteinen, weiter bei gut trocken gehaltenem Pulver, waren sie verläßliche Gefährten. Es folgten zahlreiche Verbesserungen, und im frühen 19. Jh. hatte die Waffe mit glatter Bohrung und als Muskete mit Zügen ihren Höhepunkt. Das endgültige Steinschloß jedoch war seiner Zeit weit voraus, weshalb man ihm, als Bestandteil des Ferguson-Hinterladers, nicht die Aufmerksamkeit schenkte, die es eigentlich verdiente

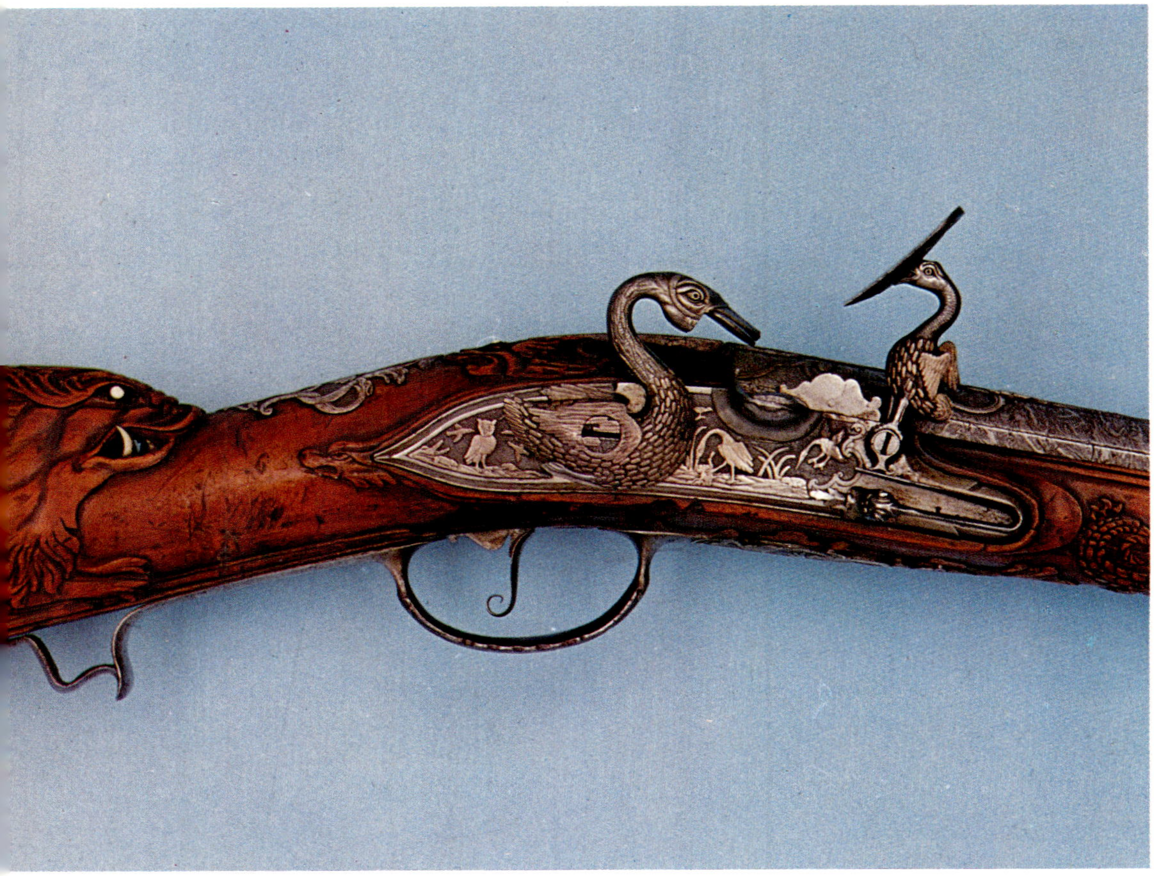

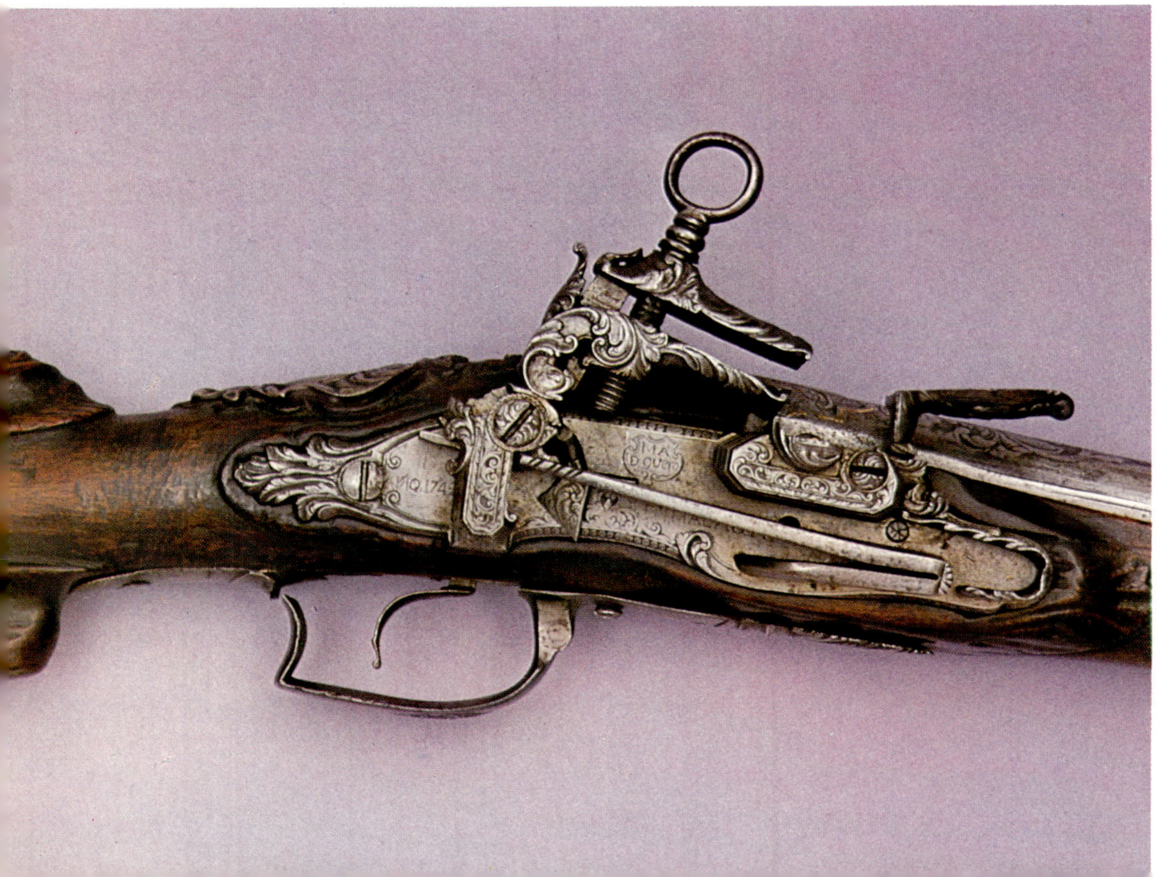

Links oben: Der starke Einfluß der großen europäischen Waffenmeister zeigt sich auch bei dieser schönen englischen Schnapphahnpistole aus dem frühen 17. Jh. Das gewohnte Aussehen der Radschloßwaffe ist beibehalten, aber das verbesserte Schloß gibt schon einen Vorgeschmack von kommenden Dingen. Der Schaft zeigt Einlagen aus Horn und Perlmutt.

Links Mitte: Der Schaft dieses Gewehres von etwa 1685 begeistert alle Liebhaber guter Schnitzarbeit. Das ungewöhnliche Schnapphahnschloß hat die Form zweier Schwäne, wobei der Stein vom Schnabel des einen, der Stahl vom kleineren gehalten wird. Der damaszierte Lauf wurde aus rotglühenden Metallstreifen über einem Dorn zusammengeschmiedet, gehämmert und in Form gefeilt; er hat türkischen Stil. Das Schloß und die anderen Teile aus Eisen sind mit Silber überzogen, das groteske Tiere und Laubwerk zeigt. Auch wenn der Kolben gekehlt ist, verweist die Waffe doch auf deutschen Einfluß.

Links unten: In Spanien machte man gute Sportwaffen. Dieses Beispiel stammt von Mathias Quero aus Malaga und trägt die Jahreszahl 1742. Die Deckplatte des Miquelet-Schlosses ist länger als üblich.

Rechts oben: Schönes Paar Schnapphahnpistolen des 17. Jh.s aus Schottland, mit Kronenschaft. Die Form des Schaftes unterliegt häufig Abwandlungen und endet später oft im Widderhorn, wobei beidseitige, sich nach innen windende Ausläufe am Schaft den Namen erklären. Diese Hörner finden sich auch noch im nächsten Jahrhundert, aber viele Pistolen im 18. und 19. Jh. bestehen völlig aus Stahl.

Rechts unten: Ein schönes Paar Schnapphahnpistolen mit Läufen von Lazzarino Cominazzo in Brescia Ende des 17. Jh.s gefertigt Die Läufe sind achteckig an der hinten liegenden Ladeöffnung; deren Verschluß ist oben mit Linien in Laufrichtung verziert. Die Schlösser mit ihren plastischen Ungeheuern und Blumengeringel stimmen im Schmuck mit den Schäften überein. Die obere Pistole ist von der linken Seite gezeigt mit langem Gürtelhaken. Die Cominazzos waren die berühmtesten Waffenschmiede für Läufe in ihrer Gegend. Der Firmengründer, ebenfalls ein Lazzarino, arbeitete bereits 1593 für Vincenzo Gonzaga, den Herzog von Mantua.

Über das Laden der Pistolen

Als Ergänzung der Beschreibung von Lunten-, Rad-, Stein- und Schlagbolzenschlössern hier die Abfolge beim Laden, die im Grunde für alle vier Arten gleich ist. Zuerst wird die genau abgemessene Pulvermenge in den Lauf gefüllt, darauf eine Kugel nachgestoßen, beides notfalls mit wenig Werg oder Papier durch einen Ladestock festgekeilt. In die Pfanne kommt feineres Pulver, das über das Zündloch am Ende des Laufes die eigene Entflammung an die Geschoßladung im Lauf weitergibt. Das Pulver der Pfanne selbst wird entzündet durch die Lunte oder die Funken des Schlosses. Beim Schlagbolzenschloß ist es die explodierende Zündkapsel (Zündhütchen), welche das Pulver der Ladung entflammt.

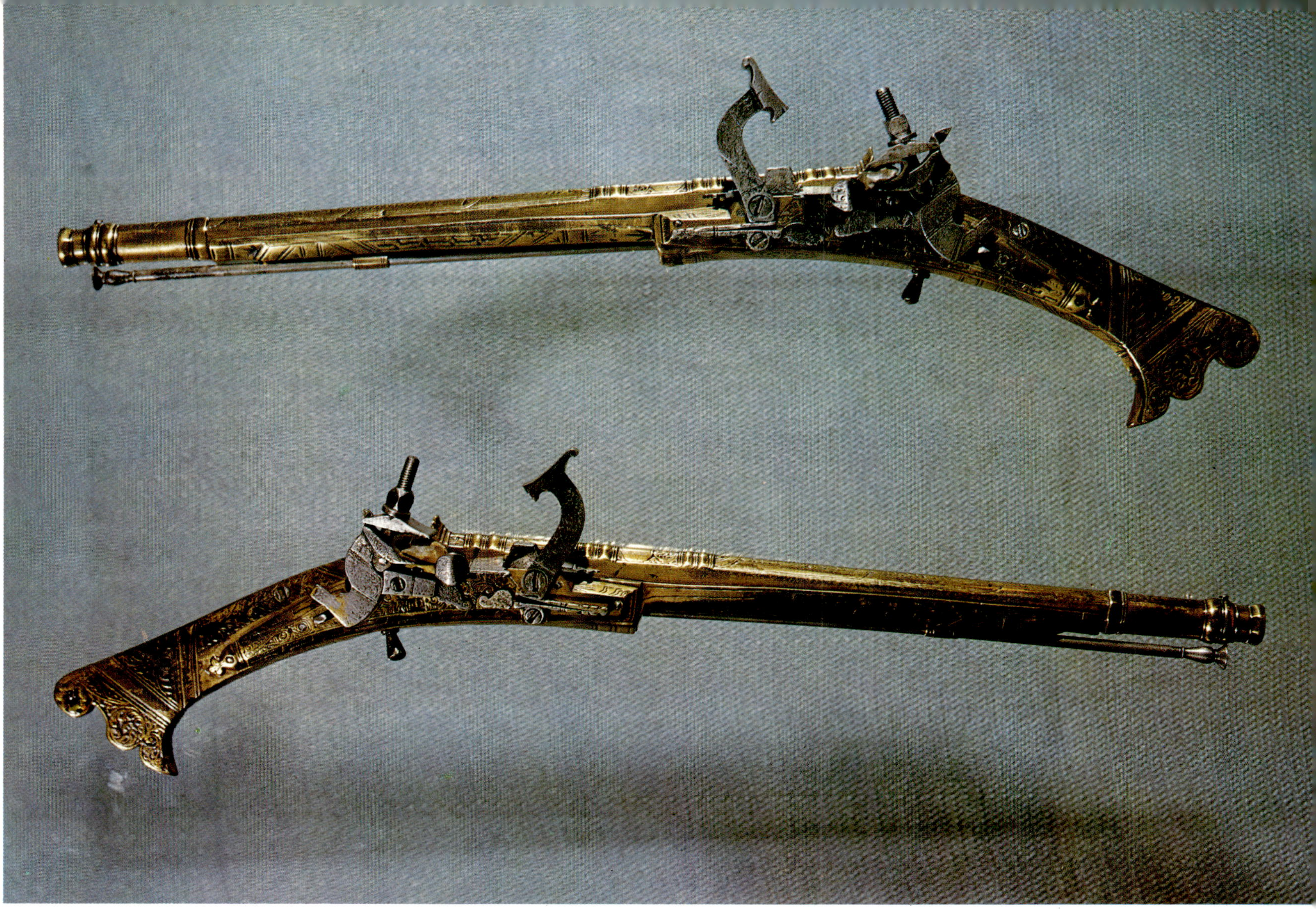

Links: Die englische Brown Bess war vielleicht die berühmteste aller je geschaffenen Musketen. Sie wurde über zweihundert Jahre lang verwendet, selbst noch nach 1840; so war sie die vorherrschende Waffe in der Armee des mexikanischen Diktators Santa Anna. Das abgebildete Exemplar ist von Grice hergestellt und 1762 datiert; es gehört zur jetzt seltenen Art mit 46 Zoll langem Lauf (117 cm), von denen die meisten auf 42 Zoll (107 cm) gekürzt wurden. Auf der Schloßplatte findet sich außer dem Namen des Herstellers die Königskrone mit GR (George Rex); diese beiden Zeichen wurden in solche Waffen eingeschlagen, wenn sie die Armee ausgab. Außerdem ist noch ein Pfeil zu sehen, das Zeichen der Inspektionsbehörde. Vergrößerte Abbildung Seiten 2 und 3.

Unten: Außergewöhnliches Beispiel einer doppelläufigen Steinschloßflinte, die etwa 1805 vom großen Boutet in Versailles hergestellt wurde. Die Läufe sind übereinander angeordnet; jeder hat eine eigene Pfanne, die vom gemeinsamen

Schloß bedient wird. Die Läufe sind drehbar und stellen eine interessante Kombination dar, weil der eine zwölf Züge hat, während der andere mit glatter Bohrung versehen ist. Mündung und Enden sind vergoldet. Der Schaft ist mit Silbernägeln verziert. Es heißt, daß diese Waffe für Zar Nikolaus I. vorgesehen war.

Rechts oben: Dieses außerordentliche Schnapphahngewehr, schottisch und ganz aus Messing, ist sehr reich ornamentiert und die Arbeit von James Low aus Dundee. Es stammt aus dem Jahr 1624, und es ist nur noch ein weiteres Stück dieses Typs bekannt.

Rechts unten: Beispiel einer englischen Sportwaffe etwa von 1740, mit russischem Lauf. Das Schloß ist signiert von Joseph Griffin. Der schöne Walnußschaft, messingverziert, trägt das Wappen jenes schottischen Diplomaten, des Earl Hyndford, späteren Lord Carmichael, der um 1740 nach Moskau gesandt wurde, um die Verhandlungen zum Aachener Frieden zu fördern.

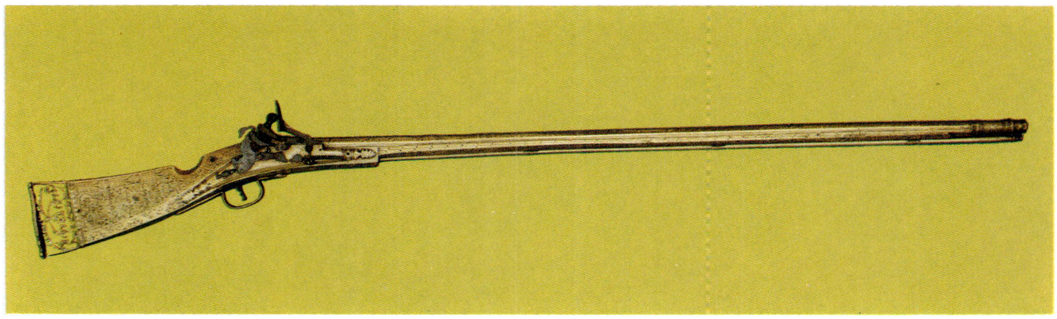

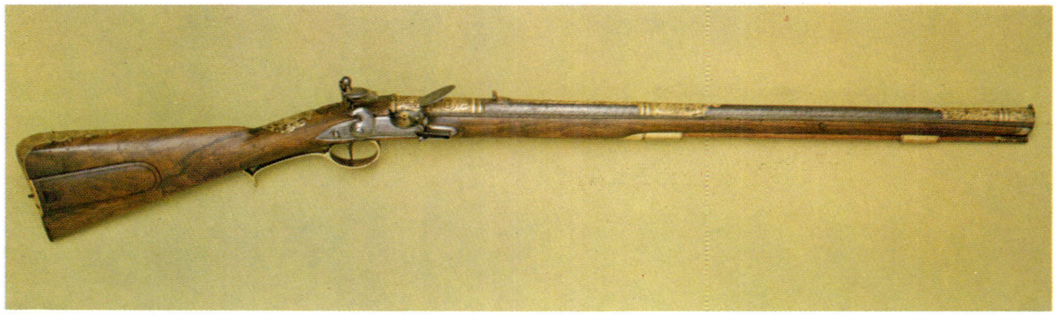

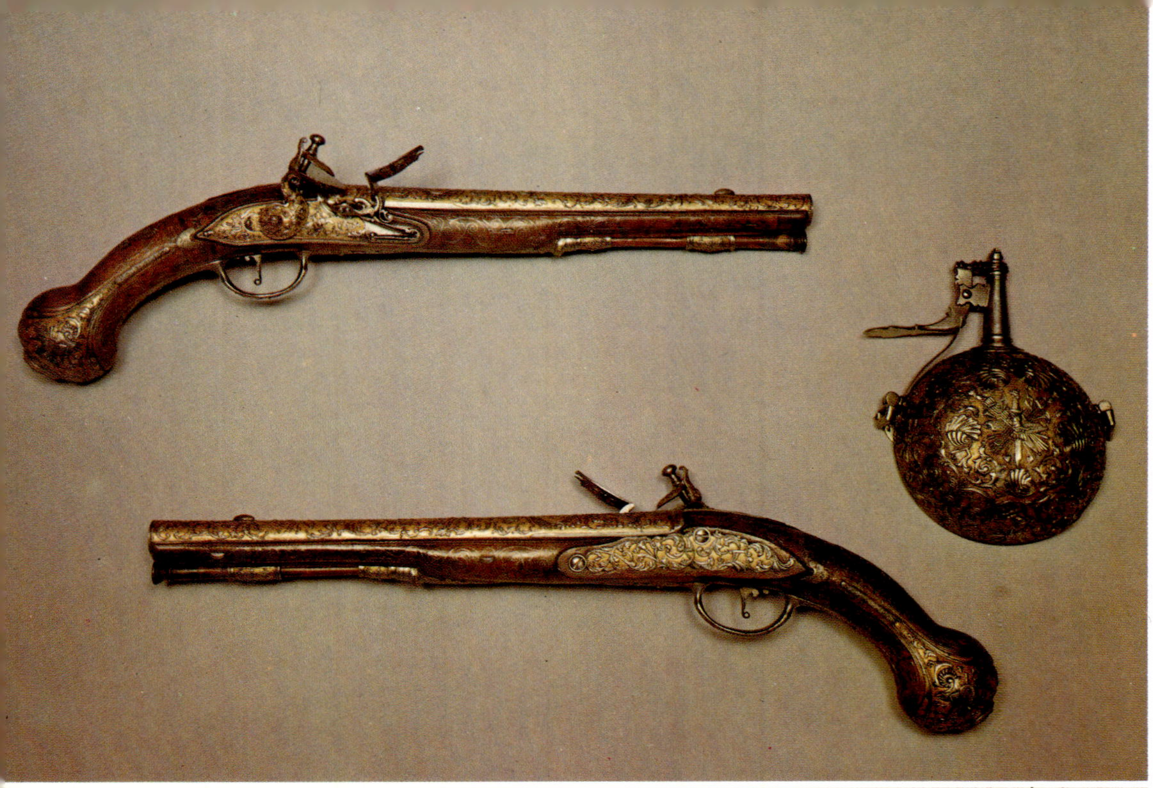

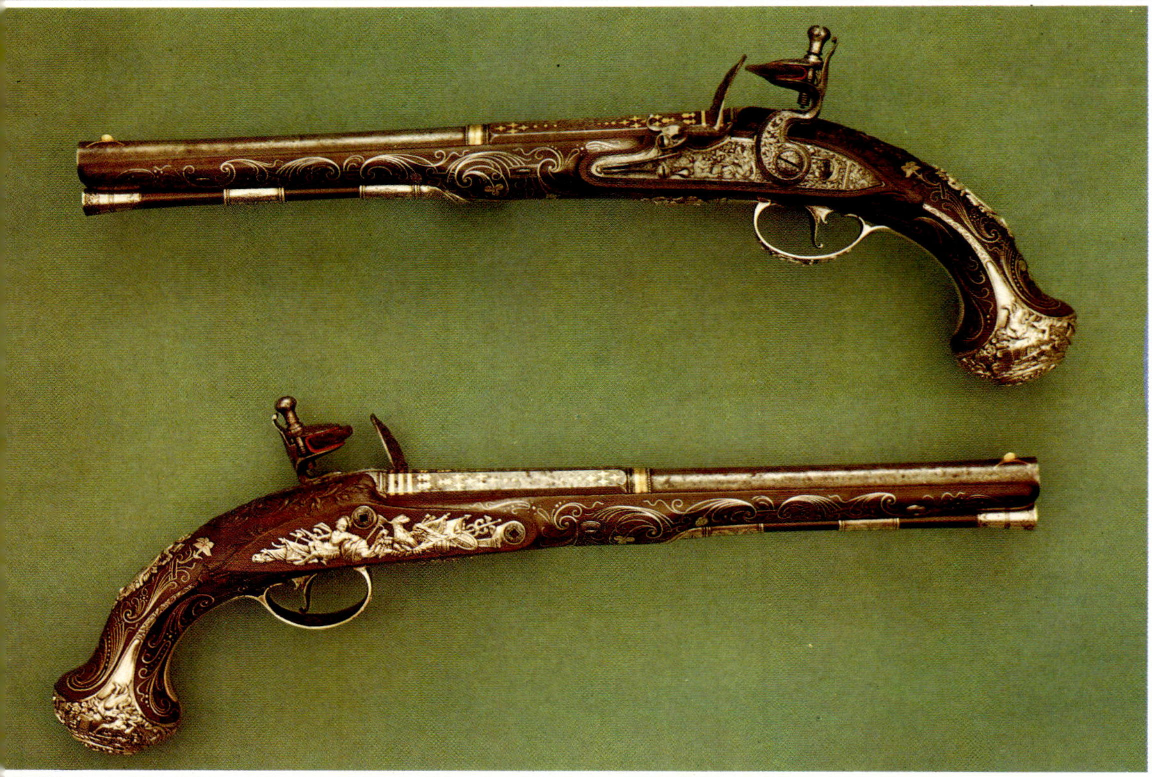

Links oben: Schönes Paar russischer Pistolen von 1752, mit Pulverflasche. Die ornamentale Bearbeitung des Stahls ist von außerordentlicher Qualität. Die erste Fabrik für Kleinfeuerwaffen wurde von Peter I. etwa 50 Jahre zuvor gegründet. Frühe russische Waffen zeigen orientalischen Charakter, dann führten neu niedergelassene europäische Waffenschmiede den westlichen Geschmack ein.

Links Mitte: Henry Hadley, Waffenschmied in London, stellte etwa um 1750 dieses feine Paar Halfterpistolen her mit Steinschloß und Silberauflage; es war als Geschenk für den dritten Herzog Marlborough bestellt worden. Die Läufe haben Goldauflage, die Schäfte sind mit Laubwerk verziert, das langwierig durch Silberdrahteinlage geschaffen wurde.

Links unten: Schönes Paar Beretta-Steinschloß-Halfterpistolen, etwa um 1700, mit stählernen Beschlägen und den originalen Ladestöcken mit Stahlkappen. Die Berettas sind Waffenschmiede, deren Nachkommen noch heute in Norditalien, in Gandone und Brescia, ansässig sind.

Rechts: Das äußere Paar hat Griffenden und Läufe aus Messing und ist in der Formgebung typisch für Pistolen des frühen 18. Jh.s. Hersteller ist Louis Barbar, die Zeit um 1700. Das mittlere Paar, um 1750, von James Barbar, hat übereinanderliegende Läufe, von denen jeder ein eigenes Schloß hat. Es gibt aber auch andere Pistolen mit drehbaren Läufen, die dann nur ein Schloß benötigen.

Über das Duellieren

Je nach Auffassung wird das Duell als Ehrenhandlung angesehen oder als sträfliche Wahnsinnstat. Marcus Antonius und Octavius Caesar sind das klassische Beispiel für beide Auffassungen. Jener als Mann der Tat forderte den kalten Octavius zum Kampf Mann gegen Mann auf, statt sich im Krieg gegenüberzustehen. Dieser aber lehnte ab. Die Lust am Zweikampf läßt sich bis in die ältesten Zeiten verfolgen. Gelegentlich tritt sie verstärkt auf und voller Vergnügen, wie an den Kämpfen der unglücklichen Gladiatoren im alten Rom. Aber in allen Jahrhunderten wurden auch Strafen gegen das Duellieren angedroht, oft sogar schwere, aber nach Meinung aller Heißsporne mußte erst einmal der Ehre Genüge getan werden. Es wurden also immer weiter Zweikämpfe ausgetragen, oft aus den sinnlosesten Gründen.
Bis zum 18. Jh. war das Schwert die Ehrenwaffe. Dann ersetzten langsam die Pistolen die Klinge. Schon in den Tagen des Radschlosses gab es gelegentlich Pistolenduelle. Mit dem neuen Jahrhundert kam aber auch eine neue Art der Pistolen auf, mit besonderen Feinheiten für Duellanten, die sie von anderen Feuerwaffen deutlich unterschieden. Sie haben besondere Visiere und Hähne mit Federauslösung, die »gespannt« werden konnten. Ein leiser Druck am Abzug, und alles andere lief von selbst; der Schütze konnte also ohne Unterbrechung das Ziel anvisieren.
Der Herzog von Wellington, der einst zwar selbst ein Duell ausfocht (siehe Seite 38), war später entsetzt, so viele Offiziere durch Duelle zu verlieren, daß diese für die Armee verboten

wurden; aber auch nach dem Strafrecht wurden sie verfolgt. Dennoch blieben Duelle bei Offizieren und Adeligen in England und mehr noch in Frankreich in Mode. In Preußen, so behaupten böse Zungen, konnte man ohne Duelle überhaupt nicht leben. Duellregeln wurden aufgestellt, die bald Allgemeingültigkeit erlangten und die sogar, mit nur wenigen Änderungen, nach Amerika übernommen wurden. Der streng vorgeschriebene Ablauf mußte eingehalten werden. Der Sekundant mußte Sorge tragen, daß die Etikette eingehalten wurde und daß sein Kämpfer sich des größten Anstandes befleißigte. Seit Mitte des vorigen Jahrhunderts wurden Duelle in Europa seltener, dafür aber gab es in den Vereinigten Staaten eine neue Form, den »gun fight«, der weit gefährlicher ist, und bei dem es vor allem darauf ankommt, wer schneller »zieht«.

Links: Ein Paar englische Duellpistolen im Holzkästchen. Die Schäfte gingen ursprünglich vermutlich bis zur Mündung, wurden dann aber gekürzt, um der Mode zu entsprechen. Das einfache, mit grünem Fries ausgeschlagene Kästchen ist in Fächer für Ersatzfeuersteine, Fleckelschneider, Kugelgießform, Pulverflasche und kombinierten Ladestock mit Reiniger versehen. Viele dieser Waffen haben spannbaren Abzug, wodurch der Schütze mit ganz geringem Druck den Schuß lösen kann, ohne das Zielen zu beeinträchtigen.

Rechts: Die Heylin-Steinschloßpistole für das Halfter, etwa 1770, ist ein gutes Beispiel für die damalige Waffenqualität. Mit silbernem Griffabschluß, hier mit Blumenornamenten statt der üblichen grotesken Masken, mit Abzugschutz und mit schmückend gravierten Seitenplatten. Selbst das Rohr unter dem vorderen Holzschaft zur Aufnahme des Ladestocks ist verziert.

Unten: Zwei Paar Steinschloßpistolen, in typischer Form für das mittlere 18. Jh., haben Läufe in der Art von Kanonenrohren. Besonders die Einrichtung am Laufende, die ihn abhebt, so daß die Waffe von hinten ohne Benutzung eines Ladestocks geladen werden kann. Die beiden oberen Pistolen sind von Heylin in London, die beiden anderen von T. Richards in London. Ein Paar hat eine groteske Maske, das andere ein Löwenemblem als Verzierung; in dieser Art sind sie auch auf Uhren der Zeit zu finden.

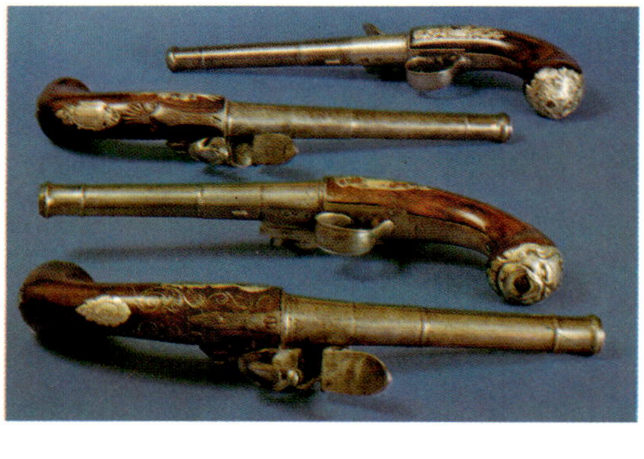

LONDON

Linke Seite außen: Diese Taschenpistolen sind typisch für die Jahre 1823/24 und ebenso für die späteren Arbeiten von Joseph Egg. Selbst bei dem hohen Bewußtsein dieses Hauses für gute Qualität sind Arbeit und Detail außergewöhnlich.

Linke Seite innen: Diese Pistolen, ganz aus Stahl, mit Kanonenrohrläufen, um 1740, sind von Devillers in Lüttich. Verziert durch graviertes Rollwerk auf Golduntergrund. Hauptort der belgischen Waffenschmiede war und ist Lüttich, das eines der wichtigsten Zentren der Waffenherstellung in Europa ist. Siehe auch Seiten 4 und 5.

Unten: Diese Taschenpistole von Durs Egg wurde etwa 1790 für den damaligen Prinz von Wales gefertigt. Sie hat ein Kastenschloß, d. h. der Mechanismus des Steinschlosses ist in die Pistole hineinverlegt, statt außen angebracht zu sein. Ebenfalls abweichend von vielen Waffen der Zeit hat sie einen Ladestock. Von besonderem Interesse ist die Sicherung. Wenn der Hahn halb gespannt ist, mit dem Pfannendeckel noch unten, wird der kleine Stift vor den Hammer vorwärts geschoben in ein Loch über dem Deckel, so daß ein vorzeitiger Schuß unmöglich wird.

Rechts: Eine Abart der Kastenschloßpistolen wurde Anfang des 19. Jh.s gebräuchlich. Beide zeigen, daß Stahl statt Messing vermehrt für den Rahmen angewandt wurde. Die Pistole mit dem Messing-Mitteilteil ist von Henry Nock; beide haben eine angenehm gerundete Form.

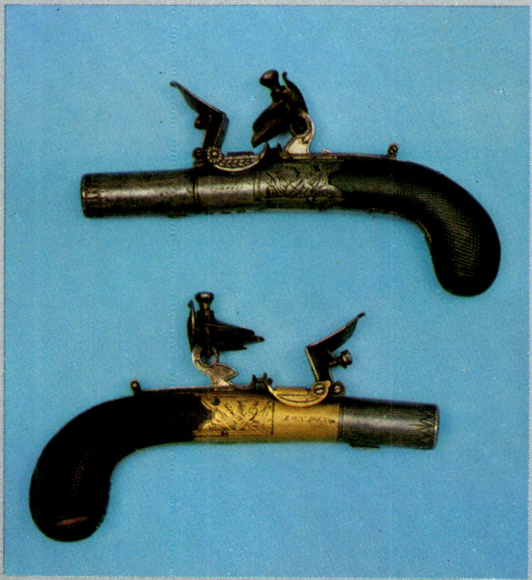

Links: Boutet von Versailles stellte dieses schöne Paar Steinschloßpistolen 1810 her. Sie sind typisch für Waffen aus seiner Werkstatt, sowohl in der Form als auch in der Dekoration.

Unten: Ein prächtiges Paar Boutet-Pistolen, aus dem frühen 19. Jh. stammend. Silber am Schaft, Gold am Lauf sind ein ausgesprochener Boutet-Stil, der von vielen anderen französischen Waffenschmieden der Zeit nachgeahmt wurde. Abweichend von den meisten achteckigen Läufen sind diese hier bewegt. Die Schäfte oder Handgriffe sind weit stärker im Winkel gekrümmt beziehungsweise angesetzt, als die modischen Schäfte früherer Perioden.

Rechts: Sehr schönes Paar französischer Halfterpistolen mit Steinschloß für einen auswärtigen Hof. Die Läufe sind ziseliert und vergoldet, die feine Metallarbeit der Schlösser ist ebenfalls auf Goldgrund. Gold in Drahtform wurde verwendet, um die Schäfte mit weiteren Ornamenten zu versehen, und die an sich schon überaus reiche Wirkung wird weiter zu einem Höhepunkt geführt durch die mit Juwelen besetzten Endkappen der Griffe. Die Pistolen wurden 1857 von Claude Bizouard aus Marseille gefertigt und dem Kaiser Franz Joseph I. überreicht.

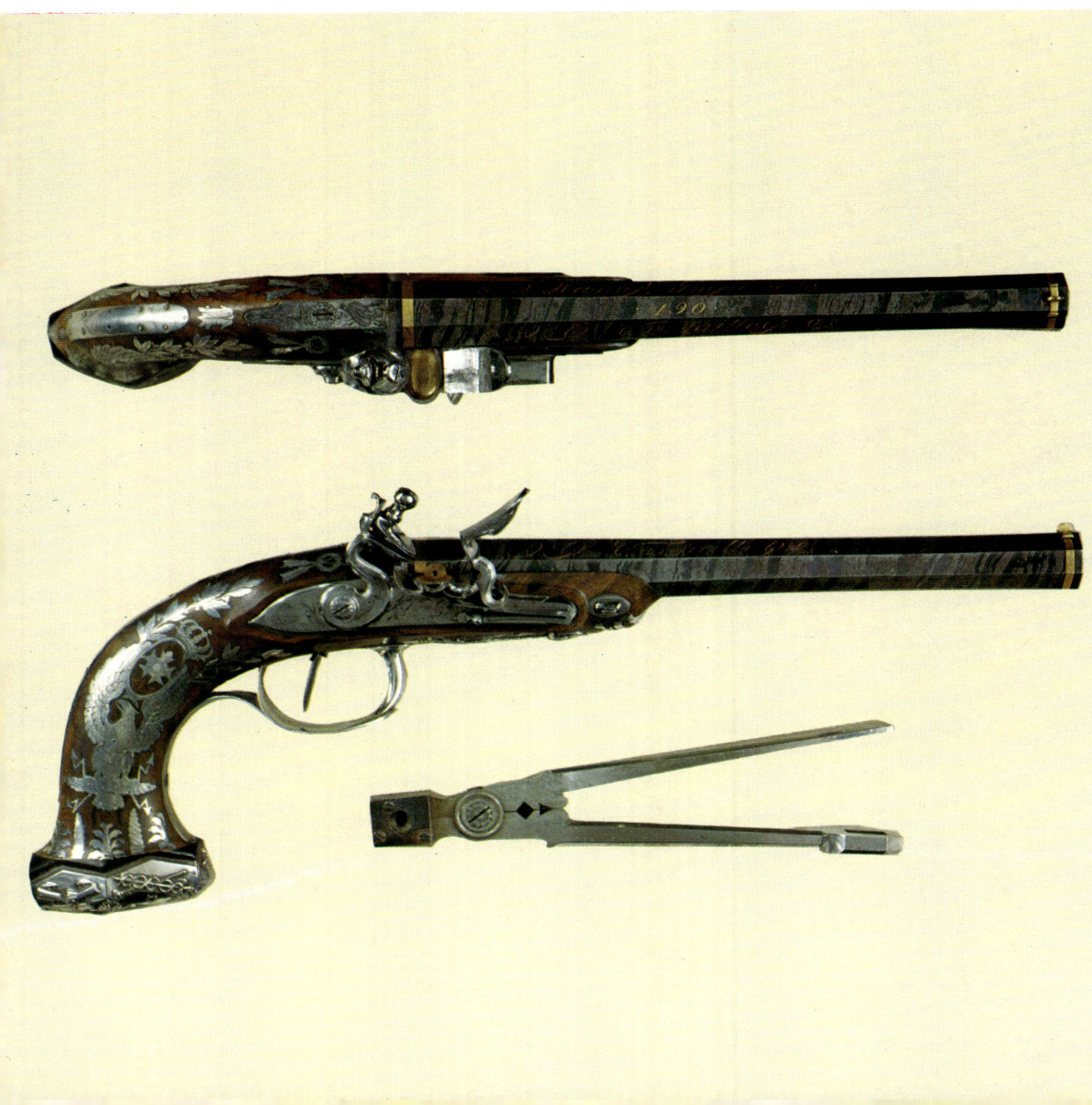

Zündschlösser

Jedes französische Schulkind weiß, daß die Dreikaiserschlacht von Austerlitz 1805 stattfand, und sein britisches Gegenstück weiß vom selben Jahr, daß damals die Schlacht von Trafalgar war. Aber nur wenige Kinder, letztlich auch wenige Erwachsene, wissen von einem anderen epochemachenden Ereignis dieses Jahres, oder kennen den Namen eines unscheinbaren, sportbeflissenen schottischen Geistlichen, der mit seiner Waffenentwicklung Weltgeschichte machte.

Sein Name war Reverend Alexander John Forsyth, und seine Schäflein betreute er in Belhevie beim schottischen Aberdeen. Seine Liebhabereien waren Chemie und Mechanik, auch war er ein gewaltiger Jäger vor dem Herrn, und diese Leidenschaft inspirierte ihn zu revolutionierenden Entdeckungen. Wie alle seine Zeitgenossen verwendete er Büchsen mit Steinschloß, und war verärgert, wenn das Wild, das er verfolgte, den Pulverblitz in der Pfanne vor dem Schuß der Waffe sah und schleunigst davonstob. War auch sicherlich die Verzögerung nur gering, so reichte sie doch, um einem Wasserhuhn mehr als nur eine sportliche Chance zum Entweichen zu geben.

Forsyth, geboren 1769, wußte wohl, daß man dabei war, mit der Verbesserung der Gewehre zu experimentieren, entschloß sich aber auch, es selbst zu versuchen.

Aus diesen Versuchen und von Unterhaltungen mit anderen Enthusiasten wußte er viel über die Explosivstoffe und insbesondere über die verschiedenen Knallpulver. In etwa sind dies Salze, die durch Auflösen von Metallen in Säuren entstehen. Werden sie geschlagen, so explodieren sie heftig; Forsyth wußte, daß man vorsichtig damit sein mußte, nicht nur bei der Herstellung, sondern auch in der Handhabung. Sie waren mindestens schon seit Ende des 17. Jh.s bekannt, seit Gold-, Silber- und Kaliumchlorat als Knallkörper vorgeführt wurden.

In England hatte Edward Howard den Experimenten mit Quecksilber-Knallkörpern viel Zeit gewidmet, aber weder er noch seine Vorgänger hatten wohl ernsthaft daran gedacht, derartiges zum Abschießen und schon gar nicht im Schloß eines Gewehres zu verwenden. Forsyth dagegen meinte, daß es gehen müsse, und machte sich an die Arbeit. Seine Versuche mit dem Ziel, das Verknallen der Quecksilberverbindung durch Verminderung der Mengen auf sichere, sich der Bearbeitung leihende Proportionen unter Kontrolle zu bringen, dauerten ziemlich lange und waren nicht ungefährlich, doch schließlich 1805 erfolgreich. Mittels drehbarer Magazine, die das Knallquecksilber enthielten, konnte er alle Auswege der Flamme versiegeln, der nur als einzige Möglichkeit die Bohrung zum Lauf verblieb.

Vorhergehende Doppelseite: *Türkische Waffenschmiede waren berühmt für den aufwendigen Schmuck ihrer Waffen. Dieses wunderbare Stück mit schillernd moiriertem Lauf aus Stahl und Silberfiligran mit aufgesetzten Korallen-Schmucksteinen wurde Mitte des 19. Jh.s hergestellt. Der rückwärts untergebrachte Schloßmechanismus zeigt europäischen Einfluß und ist typisch für Waffen, die um 1840 und 1850 fabriziert wurden.*

Oben: *Am 21. März 1829 fand ein Schußwechsel zwischen dem Herzog von Wellington und dem Earl of Winchelsea auf den Wiesen von Battersea statt. Wags nennt den Schauplatz den »Battersea-Schießplatz, Großtauben im Wettkampf«. Das Duell fand kaum ein Jahr später statt als der Erlaß eines Gesetzes von Lord Landsdowne, welches »das Schießen auf einen anderen Menschen mit der Absicht ihn zu töten, zu entstellen, zu verstümmeln oder sonst ernsthaft körperlichen Schaden zuzufügen« zu einem mit Hängen bedrohten Verbrechen gemacht hatte. Dabei hatte der »eiserne Herzog« in jungen Jahren selbst das Duellieren in der Armee verboten, weil zuviel Offiziere mit dem Tode abgehen könnten! Nach dem Strafgesetz war es ohnehin strafbar. Es sei aber bemerkt, daß diese beiden bedeutenden Pistolenschützen bei dieser Gelegenheit nicht ohne Absicht aneinander vorbeischossen.*

Wenn jetzt der Hammer zuschlug, zischte die Flamme direkt auf das Pulver der Ladung, und die Waffe entlud sich, was von den Vögeln der Gegend um Aberdeen gewiß unangenehm empfunden wurde.
Forsyth war von den Möglichkeiten der neuen Waffe überzeugt und besuchte in London den Generalstabsmeister Lord Moira, dem er die Erfindung zeigte. Moira war beeindruckt, erkannte aber, daß die Sache noch nicht fertig war. Er veranlaßte den schottischen Geistlichen in London zu bleiben und stellte ihm sogar die Möglichkeiten im Tower, dem Arsenal, zur Verfügung.
Forsyth begann eifrig mit der Arbeit, aber trotz vieler Versuche enttäuschte das neue Gewehr bei der Vorführung. Inzwischen war Lord Moira durch den weniger aufgeschlossenen Lord Chatham ersetzt worden, den die Sache wenig beeindruckte und der den Erfinder und seinen »Unfug« aus dem Tower verbannte.
Dennoch ließ sich Forsyth nicht abhalten und setzte seine Arbeit fort, sah aber, daß er Kapital benötigen würde. Mit Hilfe seines großen Freundes James Watt, dem der Ruhm der Dampfmaschinenerfindung anhaftete, beantragte er am 11. April 1807 ein Patent für alle Arten von Knallkörpern und die Methode, sie zum Zünden von Feuerwaffen zu nutzen und erhielt es auch.
Die ersten Gewehrschlösser von Forsyth mit drehbaren Magazinen (es gab auch solche mit Schiebemechanismus) erhielten bald den Spitznamen »Duftflaschen«, weil sie Ähnlichkeit mit den damals gebräuchlichen Parfümflaschen hatten. Bei wohlhabenden Sportjägern waren sie sehr beliebt. Die Schwierigkeiten der Herstellung und die Kosten, die ebenso hoch wie für Steinschloßgewehre waren, endlich die das Metall zerstörenden Eigenschaften der Knallkörper hinderten den Verkauf und das Interesse für die Waffe.
Forsyth experimentierte weiter und wurde berühmt. Es heißt, daß ihm irgendwann Napoleon für das Geheimnis seiner Erfindung 20 000 Pfund geboten habe, die er jedoch als Patriot abgelehnt hätte. Endlich, im Jahre 1843, wurde er mit einer Pension belohnt, starb aber schon nach der ersten Zahlung.
Andere Erfinder arbeiteten ebenfalls geschickt an diesem nicht ungefährlichen Vorhaben. Unter den interessantesten Zündern dieser Zeit waren Knallkörper zwischen zwei Papierblättchen, die an den Hammer gesteckt wurden. Der Hammer schlug gegen eine hohle Röhre, der Knallkörper explodierte und die Flamme traf das Ladungspulver, das Gewehr ging los.
Ebenfalls ein brauchbarer Einfall war das Pillenschloß. Hier wurde der Knallkörper mit Gummiarabikum versetzt und zu einem Kügelchen gedreht, in das Zündloch gesetzt, dessen hinterer Teil für den Hammer als Amboß diente. Wenn er zuschlug, mußte die Flamme ins Zündloch schlagen. Manchmal aber gab es dabei tödliche Unfälle, denn die Zündexplosion wirkte nach beiden Seiten. Sie konnte so stark sein, daß sie das Röhrchen oder den entsprechenden Behelf gegen den Schützen schleuderte!
Die Experimente dauerten bis um 1850 an, bis die praktische und wirkungsvollste Erfindung mit der Zündkapsel gemacht wurde, die schließlich den Weg zur modernen Gewehrpatrone freimachte.
Der Anspruch auf diese Erfindung ist umstritten; manche behaupten, daß der englische Künstler Joshua Shaw der erste war, der ein praktisches Zündhütchen als Ersatz für die früheren Systeme einführte. Er mischte verschiedene Materialien zusammen, die er in kleine Stahlhütchen oder Zylinder drückte. Es zeigte sich, daß sie im hohlen Rohr der Feuerwaffe genug Kraft aufbrachten, die Ladung zu entzünden, wenn sie der Hammer traf.
Jedenfalls erwies sich in den folgenden zwanzig Jahren das Zündhütchen als die beliebteste und beste Form der Zündung. Die Verbesserung der Zündhütchen ging mit Riesenschritten vorwärts, wobei die Stahlhütchen durch dünne Kupferblätter ersetzt wurden. Das Verknallen des Quecksilber- oder Kaliumchlorats, das von einer Zinnfolie umhüllt und mit Schellack versiegelt war, wurde zur Standardausrüstung; es war das einfachste Verfahren.
An das Ende des Laufes wurde ein Rohr oder Nippel geschraubt, durch dessen Mitte eine Bohrung direkt zur Pulverladung führte. Die Kapsel wurde über den Nippel gelegt, explodierte auf den Hammerschlag hin und zündete. Während beim Steinschloß immer die Möglichkeit des Ausfallens der Funken bestand, oder daß das Pulver feucht geworden war, erwies sich das Zündlochschloß nun fast immer als verläßlich und die Steinschloßwaffen kamen langsam außer Gebrauch.
Wie bei Feuerwaffen fast immer, so war es auch hier der Sportsmann, der diese neue Form zuerst gebräuchlich machte, und das Militär folgte nach. Im übrigen Europa war das Zündschloß bald von verschiedenen Armeen übernommen worden, nur England hinkte nach. Dafür blühte der Handel mit anderen Käufern um so besser.
Vor allem brachte das Zündschloß beachtliche Vermehrung der ein- und mehrschüssigen Pistolen. Während die Pistole mit Steinschloß im Grunde nur im Halfter am Sattel mitgeführt werden konnte und es deshalb im frühen 19. Jh. nur ganz wenig Taschen- und Rockpistolen gab, so führte die Erfindung des Zündschlosses zum allgemeinen Gebrauch kleinerer Waffen. Das galt besonders für die Vereinigten Staaten, wo die Pistole schließlich Teil der Männerkleidung wurde.
Die vielleicht berühmteste aller Taschenpistolen fertigte ein Waffenschmied aus Philadelphia, Henry Deringer jr. Jahrelang war er Rüstungslieferant der Regierung und stellte Militär- und Indianerwaffen her. Nach 1825 übernahm er das Zündschloß und konzentrierte sich auf einschüssige Pistolen. Seine ersten Waffen waren langläufig und deshalb gut für den Gürtel geeignet; als ihn aber die Kunden ersuchten, die Pistolen kürzer zu halten, experimentierte er mit Ausführungen, die, obwohl viel kleiner, doch beim großen Kaliber verblieben. Versuche zeigten, daß sie trotz ihrer geringen Größe leicht zu handhaben und auf kurze Entfernungen tödlich genau waren.
Der Erfolg zeigte sich sofort, und die »Deringer« wurde ein allgemein gebräuchliches Wort. Riesenmengen wurden verkauft, die Waffen waren sehr beliebt und wurden viel nachgemacht. Sie waren kaum länger als 15 cm und hatten Kaliber von .36 bis .45, wobei .41 am meisten bevorzugt wurden. Die Deringer war so beliebt wie später der Colt-Revolver. Dabei war das Tragen solcher Waffen nicht etwa auf Spieler, Berufskiller oder andere derartige Typen beschränkt, denn ebenso trugen höchst angesehene Bürger solche Waffen zu ihrem Schutz. Mit einer Deringer wurde übrigens auch Abraham Lincoln am 14. April 1865 in Fords Theater in Washington getötet, nur wenige Tage nach Beendigung des Bürgerkrieges. Der Mörder war ein überspannter Schauspieler, John Wilkes Booth. Folge eines Zeitungsberichtes war übrigens, daß später die Pistole wie dort mit zwei »r« geschrieben wurde, und zwar allgemein.

Ein Paar Pistolen, etwa im Jahr 1815 in Reverend Alexander Forsyths Waffenfabrik hergestellt, komplett mit Pulverflasche, Kugelgießform und Zubehör. Dazu gehört hier eine elfenbeinerne Spitzflasche für das Zündpulver, das in das Magazin, der früheren Zündpfanne entsprechend, eingeführt werden mußte. Forsyths frühe »detonierenden« Schlösser inspirierten viele Wettbewerber, und die weitere Entwicklung gipfelte dann im echten Schlagbolzen- oder Zündnadelschloß.

Unter den vielen Nachahmern der ursprünglichen Derringer waren Remington (der Zweischüsser mit Patronen brachte), Sharps Vier-Läufe-Pistole und die Williamson.
Diese Waffe hatte einen beweglichen Lauf, der beim Laden vorgeschoben wurde und entweder eine Stahlhülse oder einen Nippel aufnahm, wenn sie als Zündschloßwaffe verwendet werden sollte, oder aber, um eine Patrone mit Rand zu laden. Diese beliebte Waffe war auch das Schießeisen von Wild Bill Hickok, dem Prinzen der Pistolenhelden, der immer ein Paar in seiner Weste bei sich hatte.
Bei einer derartigen Entwicklung solch tödlicher und verläßlicher Taschen- und Gürtelpistolen konnte es nur eine Frage der Zeit sein, daß die verschiedenen Vielfach-Schießer durch die praktische Form der sich »drehenden« Pistole abgelöst wurden, durch den Revolver. Erst durch die Erfindung des Zündschlosses wurde auch diese Weiterentwicklung möglich.

Links: Ein großartiges Paar Pistolen, 1729 von John Harman in London hergestellt für den jungen Friedrich den Großen. Schön mit Silber beschlagen, die schildartigen Aufsätze aus Gold. Um 1830 wurden die Pistolen auf Zündschlösser abgeändert, doch haben sie immer noch viel von ihrer alten Schönheit.

Unten: Beispiele für Pistolen von Forsyth, und selten dazu, erst recht in solch originalem Kästchen. Dieser Satz datiert vom Jahr 1811 und ist komplett mit allem Zubehör, einschließlich zweier Ersatzstücke der Hauptfeder. Von besonderem Interesse für den Sammler ist das Etikett im Deckel innen. Darauf findet sich die vollständige Anweisung über Laden, Auseinandernehmen und Reinigen der Waffe.

Ganz unten: Der Nachfolger von Joseph Egg stellte bis weit ins 19. Jh. vorzügliche Feuerwaffen her. Ihre peinlich genaue Ausarbeitung auch im Detail zeigt sich in diesem schönen Paar Pistolen von etwa 1830. Die Schäfte haben Einlegearbeiten in Silber, das zudem noch fein graviert ist. Wie bei anderen Waffen dieser Zeit treten die Abdrücker in die Waffe zurück, wenn sie nicht gebraucht werden. Erst beim Spannen des Hammers durch den Hahn tritt auch der Abdrücker zum Gebrauch vor. Siehe auch Vorsatzpapier.

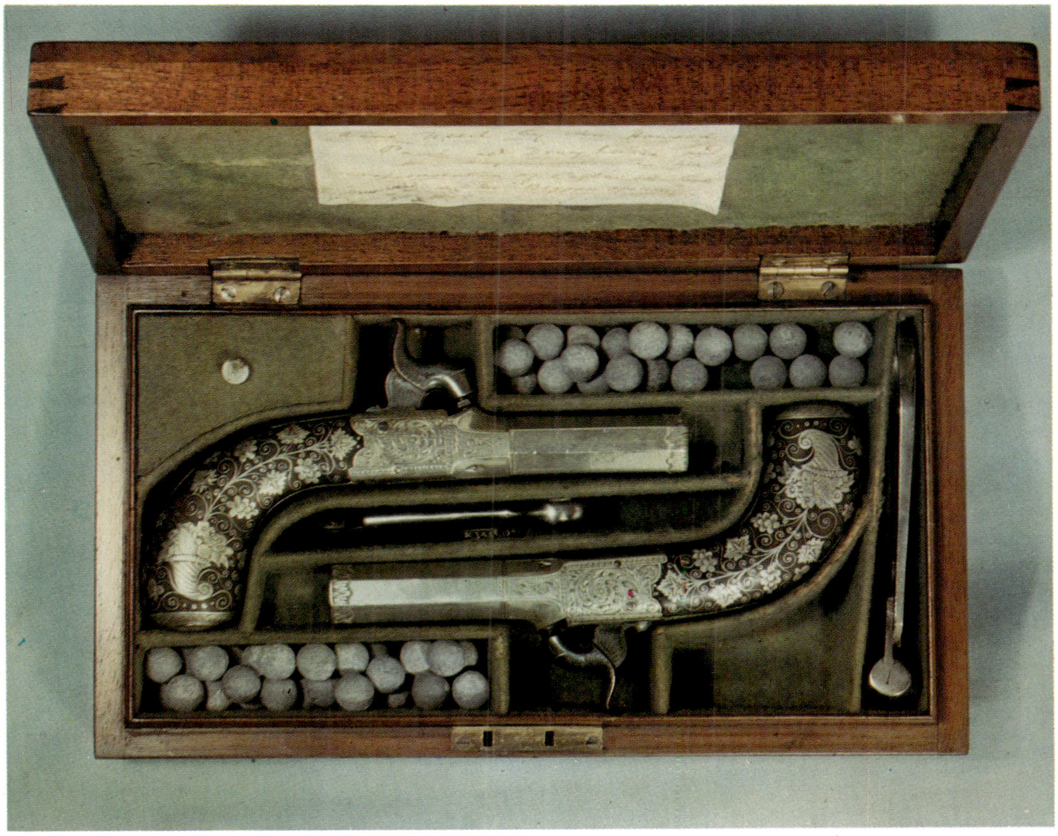

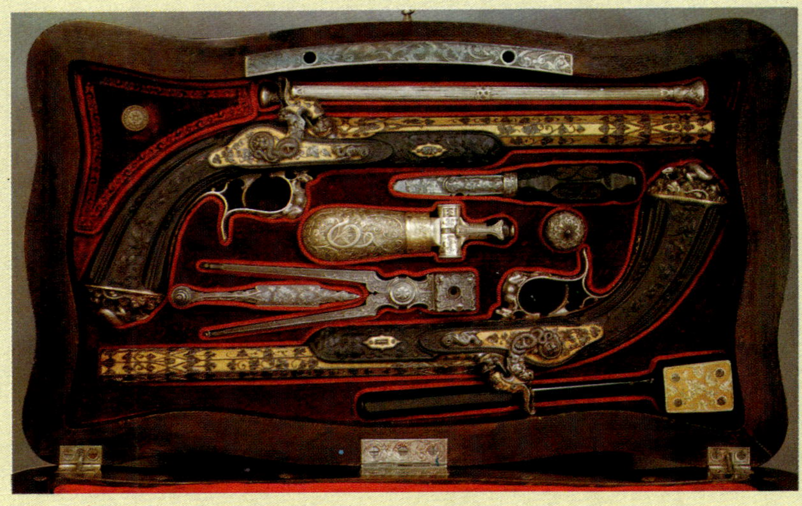

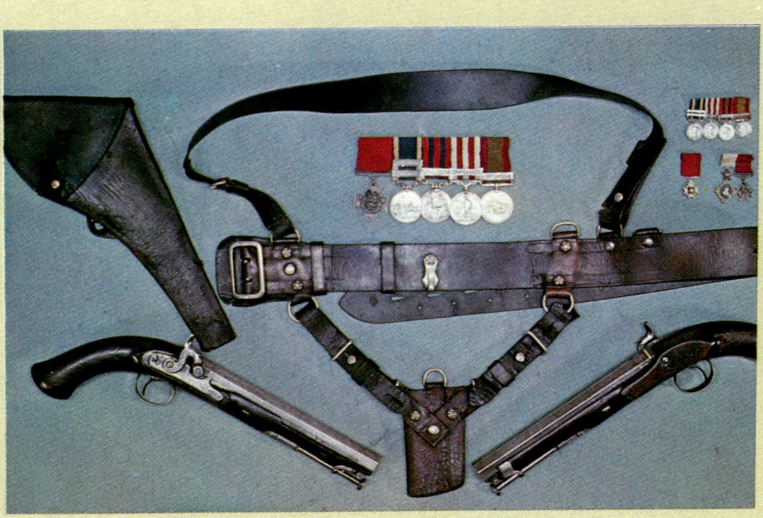

Linke Seite außen: Brun in Paris fertigte 1845 dieses Paar sehr schöner Zündschloß-Scheibenpistolen. Die geschnitzten Schäfte sind aus Ebenholz, die umfangreich verzierten Läufe und Schlösser vergoldet. Viele Stunden mußten aufgewandt werden, um die Gußformen und das Beiwerk für solche Pistolen anzufertigen.

Linke Seite innen: Der original Sam-Browne-Gürtel, dazu Zündschloßpistolen und Orden des Generals Sir Samuel Browne, Inhaber des Victoria-Kreuzes, 1824 bis 1901. Seine Orden erhielt er im indischen Aufstand, aber wirklich lebt er nur in seinem Schwertgürtel fort, den er selbst erfand und der später allgemeine Offiziersausstattung für den Dienstanzug wurde. Für englische Offiziere war er noch bis 1939 Vorschrift, auch danach war er immer noch statthaft. Auch die Armeen vieler anderer Länder übernahmen ihn.

Rechts: Ein Paar Scheibenpistolen von Bekker und Rawscher in Warschau. Sie sind geschmackvoll verziert und mit Abzugschutz in Sporenform versehen; diese Art war in vielen Ländern Mitte des 19. Jh.s sehr beliebt.

Unten: Der Pariser Waffenschmied Henri le Page übertraf sich selbst mit diesen schönen Pistolen; sie wurden 1837 für König Louis Philippe gemacht. Der feingeschnitzte Schaft besteht ganz aus Elfenbein. Der ziselierte Lauf und der Abzugschutzbügel mit dem Namen des Herstellers sind mit Gold ausgelegt.

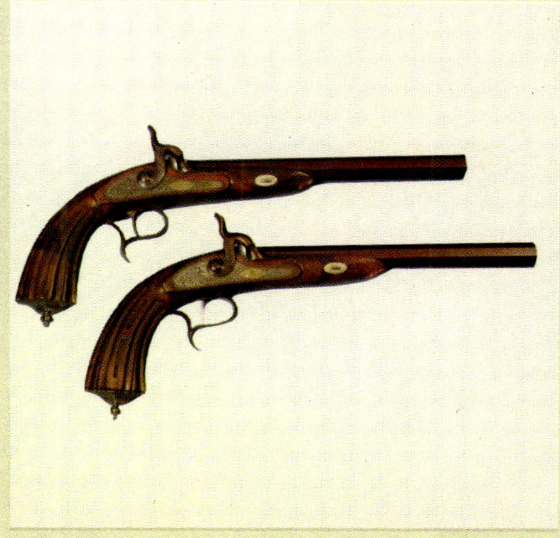

Links: Vier verschiedene Deringer-Taschenpistolen. Oben links die große mit 11,5 cm Lauf vom Kaliber .45, mit Ladestock. Oben rechts Kaliber .45 in 7,5 cm Länge. Unten links ist die bekanntere mit 5 cm Lauf, also Type der Waffe, mit der Lincoln getötet wurde, Kaliber .44; unten rechts eine andere Waffe mit 7,5 cm Lauf, wieder mit Ladestock ausgestattet. Henry Deringers kleine Taschenpistolen wurden viel kopiert.

Links unten: Um 1855 war der Colt-Revolver bereits gut eingeführt, und seine Dragoner- oder Halfterpistolen galten als moderne Waffen. Die Regierung der Vereinigten Staaten jedoch rüstete die berittene Truppe immer mit den sehr großen einschüssigen Springfield-Pistolenkarabinern aus. Der Schaft konnte abgenommen und aufgehängt werden, während die Pistole selbst in die Sattelhalfter gesteckt wurde.

Rechts: Die Beliebtheit der Taschenpistolen von Henry Deringer beeinflußte alle anderen Hersteller; doch ist die großkalibrige Taschenpistole, wie diese Zusammenstellung zeigt, alles andere als neu. Unten links und rechts sind die zu einem Paar gehörigen Zündschloßpistolen mit Elfenbeinschaft und versenkbarem Drücker, etwa um 1840. In der Mitte links eine Remington mit Doppellauf übereinander, eine Deringer, die noch weit ins Jahrhundert hinein beliebt war. Oben ein Colt, zweites Modell, .41 Deringer, und ganz oben die einzigartige Sharp-Vierlauf-Patronenpistole. Ein Schlagbolzen mit Feder drehte jedesmal beim Spannen mit Hilfe einer Klinke den nächsten der vier Läufe an die Abschußstelle. Von den beiden Pistolen in der Mitte ist die linke eine typische Taschenpistole der Jahre 1830 bis 1840; die andere das dritte Modell von Colt in der Art einer Deringer, entworfen von F. Alexander Thuer. Wenn die Pistole halb gespannt ist, schiebt sich das Ende des Laufes nach rechts zum Laden oder Auswerfen. Diese kleine, aber recht gefährliche Waffe war in England um 1870 sehr beliebt. In der Mitte rechts eine feine Pistole mit Steinschloß, Kastenschloß, doppelten Läufen übereinander, durch Hebel jeweils eingesetzt, etwa 1810. Er sitzt an der Seite und steuert eine Stahltrommel, die den Zugang zu den Läufen regelt. Darüber eine sehr schöne Taschenpistole mit einem Lauf in Kanonenrohrform aus der Zeit von etwa 1780. Unter dem Zubehör sind Nippelzieher, Ölflasche, Kugelgießform, Pulverflasche, vier .41-Patronen für den Thuer No. 3.

E. H. Collier
PATENT.

Revolver und Pistolen

Im Wilden Westen sagte man: Ein Colt macht alle Menschen gleich, weshalb die Cowboys die Pistolen auch die Gleichmacher nennen. Ein Schwächling konnte einem Gorilla von Mann entgegentreten, wenn er nur gelernt hatte, mit dem Schießeisen umzugehen, das meist dann ein Colt war.
Doch stammten die Revolver nicht vom amerikanischen Wilden Westen. Die Vorstellung einer Mehrfach-Feuerwaffe war schon seit Hunderten von Jahren fixe Idee der Erfinder, aber keiner war einer brauchbaren Form nahegekommen. Während des 16. und 17. Jh.s wurden Versuche mit Lunten- und Radschlössern gemacht, ebenso mit Waffen mit drehbaren Läufen, sogar Drehkarabinern, aber keine dieser zahlreichen Entwicklungen hatte wirklich Erfolg. Dann gab es den berühmten englischen Schnapphahn mit drehbarem Laufende, der den bekannteren Erzeugnissen des 19. Jh.s vorangeht.
Im Jahre 1818 reiste Elisha Collier, ein Bürger von Boston, nach England mit einer Steinschloßpistole mit drehbarem Magazin am Laufende. Ob die Erfindung ihm gehörte oder wieviel davon auf den Kapitän Artemus Wheeler aus Concord, Massachusetts, zurückgeht, ist eine Streitfrage. Andere sagen sogar, daß beide die Idee von einem Engländer namens James Puckle hatten, auf den noch zurückzukommen ist. Jedenfalls wurde Colliers »Revolver« anerkannt und am 24. November 1818 in England patentiert. Er bestand aus einem feststehenden Lauf mit einer Achse darunter, um die sich ein Zylinder, oder Magazin, drehte. Er wurde wie eine Uhr von einer Feder gedreht; dies wurde von einem Zahnrad mit Klinke durch die Bewegung des Schlosses ausgelöst. Jede Magazinöffnung hatte einen Falz, so daß die Feder, die hinten den Zylinder vorwärtsstieß, ihn auch so über die Öffnung des Laufes drückte, daß ein den Verbrennungsgasen gegenüber völlig geschlossener Raum entstand, wenn die Pistole abgedrückt wurde. Nach Ansicht einer Prüfungskommission, welche die Waffe in Woolwich ausprobierte, war der Mechanismus zu kompliziert. So ließ man den automatischen Drehanstoß fallen und ersetzte das Steinschloß durch ein Zündschloß; die Pistole wurde wieder erprobt, aber ohne großen Erfolg.
Colliers Revolver regte viele andere Erfinder an; einer war darunter, dessen Erzeugnis beliebt wurde. Es war eine Pistole mit mehreren Läufen, die dann »Pfefferbüchse« genannt wurde. Frühe Muster dieses Ungetüms wurden von Hand weitergedreht; bei späteren veranlaßte das Heben des Hammers durch den Druck auf den Abzug auch das Drehen der Läufe. Es leuchtet ein, daß die Pfefferbüchse im Gebrauch höchst unzuverlässig war.

Oben: *Der Maler des Bildes, Charles Russell (1864 bis 1926), war einst selbst Cowboy und hatte also Erfahrung in der Schilderung typischer Szenen des Wilden Westens. Dieses Bild,* Wenn die Waffe spricht, beendet der Tod den Streit, *ist berühmt und zeigt eine Gruppe Cowboys, die beim Besuch der Grenzstadt Differenzen mit einem Spieler per Schießeisen austragen. Obwohl diese Pistolengefechte etwa von 1865 bis Ende des Jahrhunderts durchaus häufig waren, ist die Zahl der Todesopfer viel geringer gewesen, als uns die Wildwestfilme glauben machen wollen!*

Vorhergehende Doppelseite: *Wenn auch die Stein- und Zündschloßpistolen von Elisha Collier mit sich drehenden Kammern nicht offiziell anerkannt wurden, sind inzwischen doch so viel davon aufgetaucht, daß man recht guten Verkauf annehmen muß. Dieses hier abgebildete sehr schöne Exemplar ist von etwa 1820. Die Großaufnahme des Zylinders und des Hahnes zeigt, wie der Druck auf den Kammerrand durch die Feder aufrechterhalten wird.*

Mark Twain ängstigten auf einer Postkutschentour durch den Westen die begeisterten Schießübungen eines Mitreisenden; er verwies immer wieder darauf, daß die Läufe der »alten« Pfefferbüchse jederzeit losgehen könnten. Tatsächlich erlegte dann auch dieser Mann mit einem Zufallsschuß ein Maultier, das rund dreißig Meter von der Stelle stand, auf die er eigentlich das Schießeisen gehalten hatte. Der unglückliche Schütze wollte zwar den Maulesel nicht haben, »aber der Eigentümer kam mit einem doppelläufigen Schießeisen herbei und veranlaßte den Ankauf ...«
Der Amerikaner Samuel Colt produzierte schließlich den ersten brauchbaren und verläßlichen Revolver. Im Jahr 1835 bekam er ein Patent in England, ein Jahr später in den Staaten. Sein Prinzip war erstaunlich einfach, aber ingeniös. Der Zylinder, oder das Magazin, drehte sich ebenfalls um eine Achse oder Welle, die am Lauf befestigt war. Immer wenn der Hammer zurückgezogen wurde, drückte ein Schieber daran den Zylinder weiter, und eine Kammer rastete so ein, daß sie mit der Bohrung übereinstimmte.
Die ersten Colts waren Fünfschüsser und wurden in der Waffenfabrik in Paterson, New Jersey, hergestellt und heißen heute Paterson-Colts. Trotz der großen Verluste, die sie den Seminole-Indianern im Kriege gegen sie in Florida zufügten und des langen Gebrauchs bei der Marine von Texas — als dieser Staat noch selbständig war — und bei den Texas-Rangers, mußte kurz nach 1840 das Paterson-Unternehmen aufhören. Jedoch bestellte 1846 auf Veranlassung des Kapitäns Samuel Walker, eines früheren Texas-Rangers, der nun Kapitän im US-Regiment der berittenen Schützen war, die Regierung der Vereinigten Staaten 1000 Revolver bei Colt, um sie im Ausdehnungskrieg gegen Mexiko

zu verwenden. Die Kritik Walkers am Paterson-Modell wurde berücksichtigt. Der neue Typ hatte statt des versenkbaren Abzugs nun einen normalen, der aber durch einen Bügel geschützt war, und auch sonst wurde die Technik einfacher. Sie ist eine Einschußwaffe, bei der für jeden Schuß der Hammer mit dem Daumen gespannt werden muß. Dieser Mechanismus wird auch heute noch für den Colt-Einschuß-Armeerevolver verwendet, der den Beinamen Friedensstifter hat.

Der Erfolg des neuen Revolvers, der heute als Colt-Walker Dragoner bekannt ist, führte schnell zu neuen Aufträgen, und Colt baute nun eine Fabrik in seinem Heimatort Hartford, Connecticut. Während des Krimkrieges gründete er eine weitere Fabrik in London, wo er Tausende des Marine-Modells für die englische Regierung fertigte.

Auf den Walker-Revolver folgten der 1848er Dragoner, die Taschenpistolen von 1848 und 1849, die Marine-Revolver von 1851 und 1861 und der Armeerevolver von 1860. Nach diesen und ähnlichen Waffen herrschte stete Nachfrage, galt doch damals ein Mann ohne Pistole nicht als vollständig angezogen. Folglich regierte der Colt auf seinem Gebiet uneingeschränkt, bis sein Erfinder starb. Die erfolgreichste Waffe, die er zu Lebzeiten herstellte, war der Marine-Revolver von 1851. Wild Bill Hickok, wohl der einzige Revolverheld, dessen Leben in etwa mit der Legende darüber übereinstimmte, trug während der längsten Zeit seiner Laufbahn stets ein Paar dieser Revolver bei sich, mit dem Knauf nach oben im Gürtel oder in besonderen Halftern, um sie über Kreuz ziehen zu können, wie es damals auf der Prärie so beliebt war.

Colt hatte viele Konkurrenten. In Frankreich hatte Casimir Lefaucheux das berühmte Zündstiftsystem der frühen 1850er Jahre auf den Markt gebracht, das schnell von der französischen Regierung übernommen wurde. Die Patrone hatte eine Grundfläche aus Metall; ein Röhrchen aus Papier oder ebenfalls Metall enthielt die Ladung und die zugespitzte Kugel. In die Basis der Patrone war ein kleiner Stift eingelassen und innen mit einer Zündkugel in Berührung. Wenn der Hammer auf den seitlich vorragenden Stift schlug, detonierte die Ladung. Muster wurden auf der Weltausstellung von 1851 gezeigt, aber die Zündstifte wurden in England nicht aufgenommen.

Robert Adams, ein Londoner Waffenschmied, war mit seinem 1851 patentierten Revolver Colts hauptsächlicher englischer Konkurrent. Er entwickelte eine Zündpatrone, die mit Daumendruck ins Magazin geschoben werden konnte. Das erwies sich jedoch als unpraktisch, weil sich manchmal durch Schütteln die Patronen lösten, wenn der Revolver zu Pferde mitgeführt wurde. Später gab es dann ein System mit Stopfer, bei dem die Patrone festsaß.

Der Hauptunterschied zwischen Colt und Adams war die Arbeitsweise. Während beim Colt der Hahn mit dem Daumen für jeden einzelnen Schuß gespannt werden mußte, benutzte Adams eine selbsttätige Spannvorrichtung ähnlich der an den alten Pfefferbüchsen, so daß nur der Abzug zu drücken war, um zu spannen und zu feuern. Leider war die Mechanik nicht verläßlich, und es galt als gefährlich, damit aus dem Reitsitz zu feuern; erst 1855 galt Adams als ernsthafter Rivale von Colt. In diesem Jahr erfolgte die Übernahme von Lieutenant Beaumonts verbesserter Mechanik, die es ermöglichte, die Adams entweder für jeden Schuß mit dem Daumen oder durch den Druck auf den Abzug zu spannen.

Unter Colts amerikanischen Konkurrenten war Remington, der um 1870 erst Schreib- und Nähmaschinen auf den Markt brachte, später dann die Smith und Wesson. Diese Partner hatten das ausschließliche Recht erworben, durchgebohrte Zylinder zur Aufnahme metallischer Munition nach einem Rollin White 1855 erteilten Patent zu fertigen. Diese sonderbare Situation, nach der sie allein das Recht hatten, allgemein von hinten mit Metallpatronen zu ladende Revolver herzustellen, dauert bis 1869.

In Europa existierten derartige Beschränkungen nicht; so wurden die verschiedensten Munitionsformen schon Anfang 1860 benutzt, und innerhalb weniger Jahre war der Zündschloßrevolver fast überall ersetzt. Und dennoch benützten manche britischen Armeeoffiziere solche Revolver noch bis Ende der siebziger Jahre, weil die damaligen Patronen nicht verläßlich genug waren.

Der berühmteste Colt-Revolver war das automatische Armee-Modell von 1873, bekannt als der Friedensstifter oder der Grenzer. Als Handfeuerwaffe mit Kaliber .45 blieb sie Standard bei der US-Kavallerie bis 1890. Wettbewerber war Smith und Wesson mit amerikanischen und russischen Modellen, die für das zaristische Rußland entwickelt wurden, dann deren Schofield-Revolver und Remingtons neues Armee-Modell von 1875.

Inzwischen gelangen den Waffenschmieden Europas manche Verbesserungen der grundlegenden Revolvertechnik. In London erhielt John Adams, angeblich ein Vetter von Robert Adams, mehrere Patente um 1850 und 1860, aber ohne erkennbaren Erfolg. Beliebt war dagegen sein Modell von 1867. Mit einigen Verbesserungen wurde es von der englischen Armee bis Ende der siebziger Jahre verwendet. Sowohl das Modell 1867 als auch 1872 benutzte die berittene Nordwest-Polizei, ohne aber viel damit zu schießen. Abweichend von den Gesetzeshütern auf der anderen Seite der kanadischen Grenze erschossen sie Gangster nur selten. Die Webley-Familie von Birmingham stellte auch vielerlei bemerkenswerte Waffen her, und um 1880 vereinigte sie sich mit W. C. Scott zu dem heute weltbekannten Haus Webley und Scott.

Ob nun Revolver aus England, dem übrigen Europa, den Vereinigten Staaten, Japan oder Rußland stammen, immer werden sie nur verwendet, wenn sie tatsächlich funktionieren und brauchbar sind. In England hatte die Armee zuerst mit Colt-Revolvern experimentiert, weil sie die Infanterie schon 1852 besser mit Waffen ausstatten wollte. Dann wurden 1854 mit dem Marine-Dragoner-Modell Versuche auf Entfernungen von 400 m unternommen, übrigens mit gutem Erfolg. Es wurde aber auch bald erkannt, daß man die Treffsicherheit der Fachleute nur von wenigen gewöhnlichen Soldaten erwarten konnte. Man versetzte also den Revolver zurück in den Status einer zusätzlichen Waffe; er wurde nun hauptsächlich bei Offizieren und Berittenen verwendet.

Die Vereinigten Staaten behielten den Revolver schon aus Tradition als unabdingbaren Persönlichkeitsausdruck bei, und selbst heute noch ist er durchaus dem militärischen Bewußtsein gegenwärtig. Allerdings war sein größter Erfolg die Zeit draußen im Wilden Westen, und dort spielte er auch seine große Rolle in der Mythenbildung.

Der Revolver ist jedoch so einfach und verläßlich, daß er als Hauptwaffe bei vielen Polizeiformationen beibehalten wurde, obwohl verfeinerte Waffen, wie die automatischen Pistolen, die noch zu behandeln sind, aufkamen.

Drei Militärrevolver. Oben die Tranter-Dienstpistole von 1878, ein Revolver vom Kaliber .45, der zwar Ladeöffnung und Auswerfer beibehielt, aber schon automatisch arbeitete. Nur eine beschränkte Anzahl dieser Revolver wurde von der britischen Regierung angekauft. In der Mitte der beachtliche Beaumont-Adams-Revolver, Modell 1855/56, mit Kerr-Auswerfer, von der britischen Regierung 1856 als Ersatz von Colts Marine-Revolver 1851 eingeführt, der in Menge für den Krimkrieg angeschafft worden war. Er überlebte bis etwa 1870, dann wurden noch viele für Patronen umgebaut. Unten der unsterbliche Colt-Armeerevolver, Einschuß, Modell 1873, auch als »Friedensstifter« bekannt. Dieser hier ist nickelplattiert mit Hartgummigriff. Im Originalkaliber .45 war er als Kavalleriemodell bekannt und mit 19 cm langem Lauf ausgerüstet. Waffen des gleichen Kalibers mit 14 cm Lauf waren Artilleriepistolen, solche mit 12 cm Lauf galten als »zivilistisches« Modell. Im Jahr 1878 bemühte sich die Colt-Gesellschaft, die Besitzer von Winchester-Büchsen der Serie 1873, Kaliber .44—40, in denen Kugeln vom Kaliber .44 mit 40 Grain (2,5 g) Pulver verschossen wurden, zu interessieren. Sie stellte daher die .44—40 Grenzer-Sechsschuß als Abart des Armeemodells her. Der Friedensstifter wurde von 1873 bis 1941 fabriziert, wiederaufgenommen 1955 und wird heute noch hergestellt.

ELEY BRO$
250
CAPS,
COLT'S Pt
Belt and Pocket
PISTOLS.
Manufacturers, London.
ELEY BRO$
250
CAPS.
COLT'S Pt
Belt and Pocket
PISTOLS.

Links: Der Colt Kaliber .36 (oben) war als Sechsschuß-Marine-Revolver die beliebteste Waffe bei Soldaten, Trappern, Cowboys und Banditen, bevor der Friedensstifter eingeführt wurde. Etwa 215000 Stück wurden zwischen 1850 und 1873 in Hartford hergestellt. Dieses schöne Stück ist die Ausführung aus der Londoner Waffenfabrik von Colt, etwa 1853 bis 1856. Komplett im Originalkasten mit Reinigungsstock, Kugelgießform, Nippelzieher, Pulverflasche und Schachtel mit den Hütchen. Das Fach oberhalb des Kolbens enthält weitere Nippel und einen Ersatz der Hauptfeder. Die Londoner Ausführung hat Aufhänger und Abzugsschutzbügel aus Eisen, während die amerikanischen Pistolen an diesen Stellen Messing verwenden. Die Zylinderoberfläche hat eingerollt eine vertiefte Darstellung von Schiffen im Kampf. Im Jahr 1848 stellte Colt den Baby-Dragoner Kaliber .31 her (unten), einen Taschenrevolver nach dem kurz vorher herausgekommenen Walker Dragoner. Er war bald so beliebt, daß er 1849 verbessert und dann bis 1873 mit nur geringen Änderungen ständig hergestellt wurde. Bis zu diesem Zeitpunkt wurden etwa 315 000 in Hartford hergestellt. Hier abgebildet die Londoner Ausführung mit Eisenaufhänger und Schutzbügel im Originalkasten, komplett mit allem Zubehör. Bei der Taschenpistole stellt die eingeprägte Zeichnung auf dem Zylinder den Überfall auf eine Postkutsche dar.

Rechts oben: Colt, Modell Walker Dragoner. Diese beachtliche »Kanone« wurde 1847 für Samuel Colt von Eli Whitney jr. aus Whitneyville, Connecticut, hergestellt. Damals hatte Colt noch keine eigene Fabrik, da das Unternehmen in Paterson wenige Jahre zuvor aufgehört hatte. Der Krieg mit Mexiko 1846 belebte das Interesse an Colts Waffen, und die Kritik von Samuel Walker an den früheren Paterson-Pistolen veranlaßte Colt, den gewichtigen Sechsschuß Kaliber .44 mit 23 cm langem Lauf zu bauen. Die Pistole wog mehr als zwei Kilo und verschoß Bleikugeln von fast 15 g mit Hilfe einer Pulverladung von 4 g; die Austrittsgeschwindigkeit an der Mündung betrug wenigstens 450 m/sek. Walker meinte, daß diese Pistole so wirksam wie ein Gewehr bei 100 m Entfernung und wie eine Muskete bei 200 m sei. Etwa 1100 solcher Waffen wurden hergestellt, die aber nicht sehr langlebig waren; durch die freigesetzten Kräfte sollen manche sogar zerknallt sein.

Rechts Mitte: Die Colt-Texas-Paterson-Halfterpistole, als schönes Beispiel eines der frühesten Revolver von Colt. Sie wurde nach 1830 in verschiedenen Größen und Kalibern hergestellt. Die abgebildete Fünfschuß-Halfterpistole hat Kaliber .36 und einen 23 cm langen Lauf.

Rechts unten: Colts drittes Modell, Kaliber .44, Hartford-Dragoner- oder -Halfterpistole, 1848, wurde von Walker entwickelt und zeigt schönste Gravierkunst. Das flache Relief mit fein ziselierter Einlegearbeit und den Goldfiguren ist typisch für die Ausführung von Geschenkstücken. Solche Waffen wurden 1854 von Colt dem Zaren von Rußland und dem Sultan der Türkei überreicht.

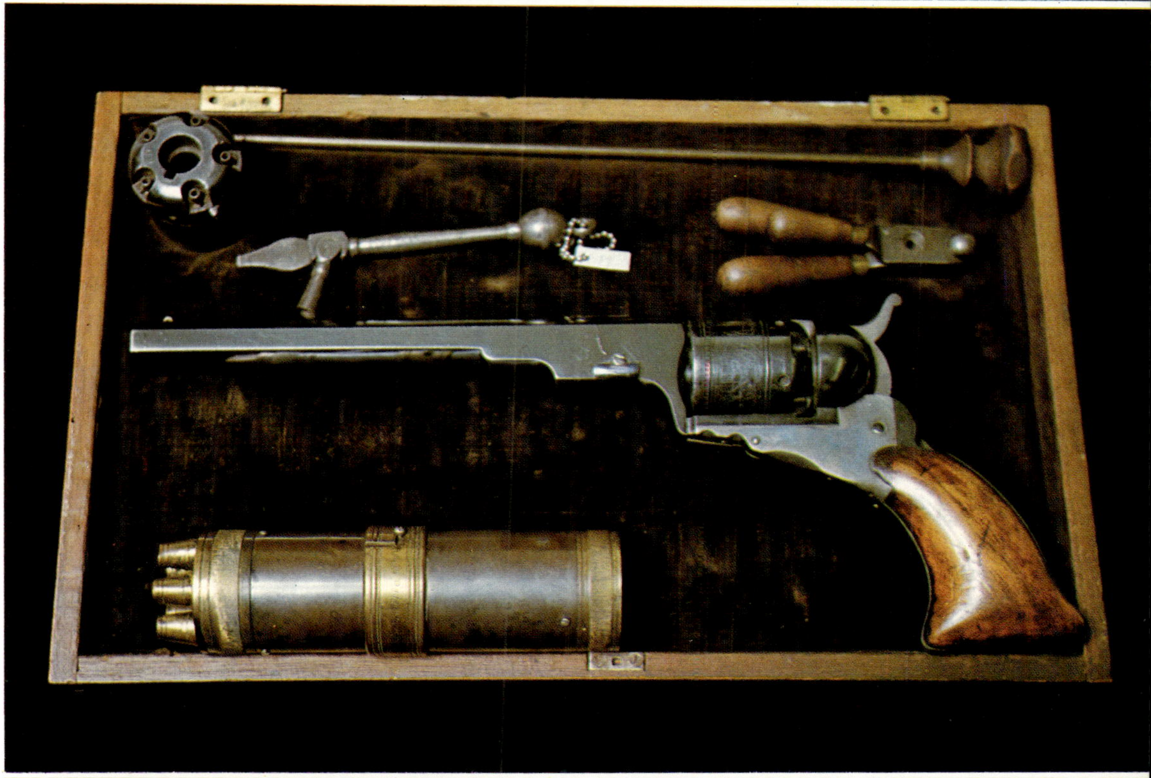

Unten: Reich verziert ist die Pistole von William Tranter aus Birmingham, dem vielleicht besten frühen englischen Revolverhersteller. Sie ist den Adams-Pistolen ähnlich, deren früheste Tranter als Vertragshersteller baute, lediglich der Mechanismus ist anders. Zum Spannen und Feuern muß der Sporn, der unter dem Bügel vorsteht, zurückgezogen werden, wodurch der Hammer gespannt wird. Um ihn zu lösen und die Pistole abzuschießen, muß nur der eigentliche Abzug, wie üblich, gedrückt werden. Dies klingt komplizierter als es ist; tatsächlich war die 1853 patentierte Waffe sehr beliebt. Allan Pinkerton, der in Schottland gebürtige Gründer der bekannten amerikanischen Detektei, soll seine Leute nur mit diesem Revolver ausgerüstet haben.

Rechts oben: Colliers drehbare Mehrlaufpistolen hatten Nachfolger nach ähnlichen Prinzipien. Diese »Pfefferbüchse« von Joseph Lang aus London, um 1850, kommt häufiger vor. Die Läufe drehen sich, wenn der Abzug gedrückt wird. Gleichzeitig geht der Hammer hoch und schlägt auf die Kapsel. Um sie zu schützen und ihr Abfallen zu verhindern, liegt der haltende Nippel in einem Rändchen oder vorstehenden Hohlraum vorn am Rahmen. Wenn auch Genauigkeit und Verläßlichkeit manches zu wünschen übrig ließen, überflutete diese Pfefferbüchse doch den Markt von etwa 1830 bis 1860.

Rechts unten: Der englische Waffenschmied Robert Adams ließ seinen Revolver 1851 patentieren. In diesem Jahr wurde er auf der Weltausstellung in London neben dem von Oberst Samuel Colt gezeigt, und beide Revolver erweckten großes Interesse. Dieser Adams-Revolver hier von 1851 ist insofern ungewöhnlich, als der Griff glatt und hochglänzend gelackt ist. Normal wäre er fein über Kreuz geriffelt, um sicherer in der Hand zu liegen. Durch den Drücker wird er gespannt und abgefeuert, in einem Gang. Spätere Modelle hatten das Beaumont-Schloß, das sowohl dieses Selbstspannen als auch Spannen mit dem Daumen und Einschuß-Feuer zuläßt.

Das Laden der Revolver mit Kapsel und Kugel

Zündschloßrevolver werden zuweilen auch Vorderlader genannt, aber tatsächlich werden sie von vorn nicht in den Lauf, sondern in die Trommel (den Zylinder) geladen. Die Pistole wird halb gespannt, und der Zylinder kann nun frei bewegt werden. Dann wird aus der Pulverflasche eine abgemessene Menge Pulver in jede Kammer geschüttet, danach eine runde oder gespitzte Kugel darüber eingeführt und hinuntergedrückt mit dem Ladestift, der unter oder neben dem Lauf angebracht ist. Es gab aber auch vorbereitete Munition, also Papier-, Folie- oder Silberpapier-Patronen, die Pulver und Kugel enthielten; man verbrauchte bei ihrer Verwendung weniger Zeit. War die Kammer geladen, so wurde über den Nippel oder den Konus hinten an der Kammer eine kleine kupferne Zündkapsel gestülpt. Dann erst war der Revolver fertig zum Schuß. Bei Gebrauch von modernem Schwarzpulver werden die Kammern vorn meist noch mit Fett verschmiert, um ein Korrodieren zu vermeiden.

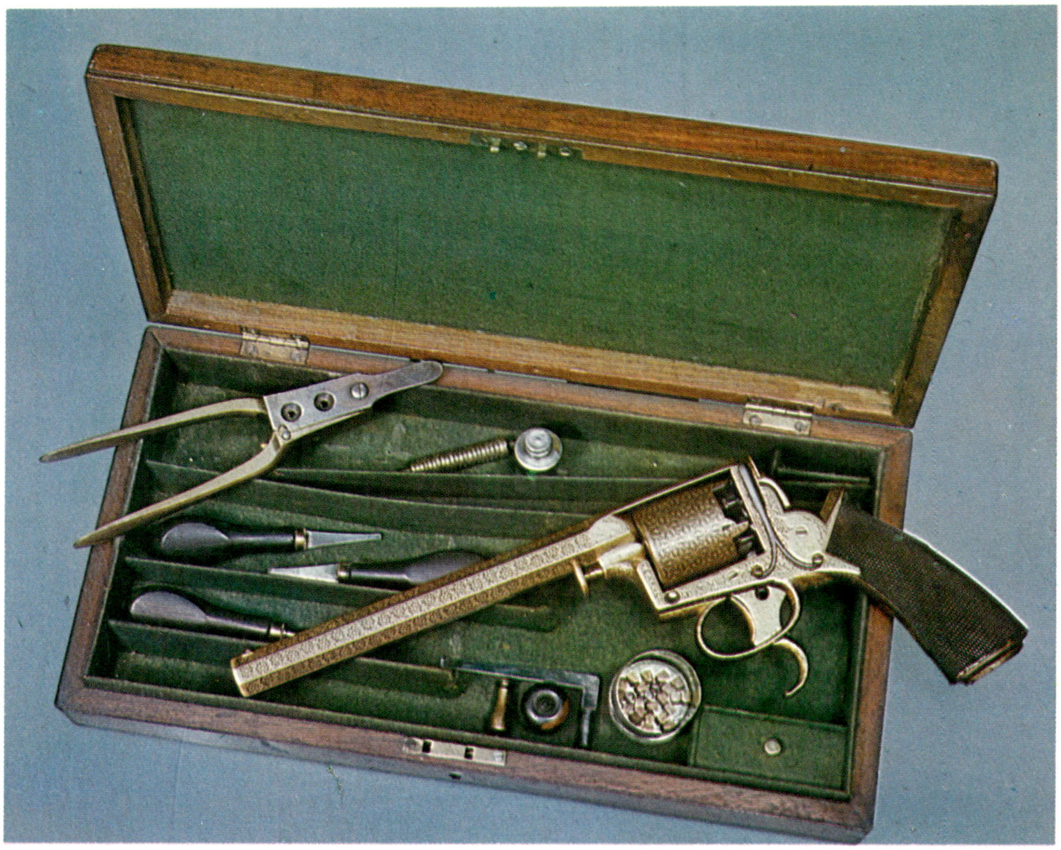

METAL-LINED
PERCUSSION CAPS

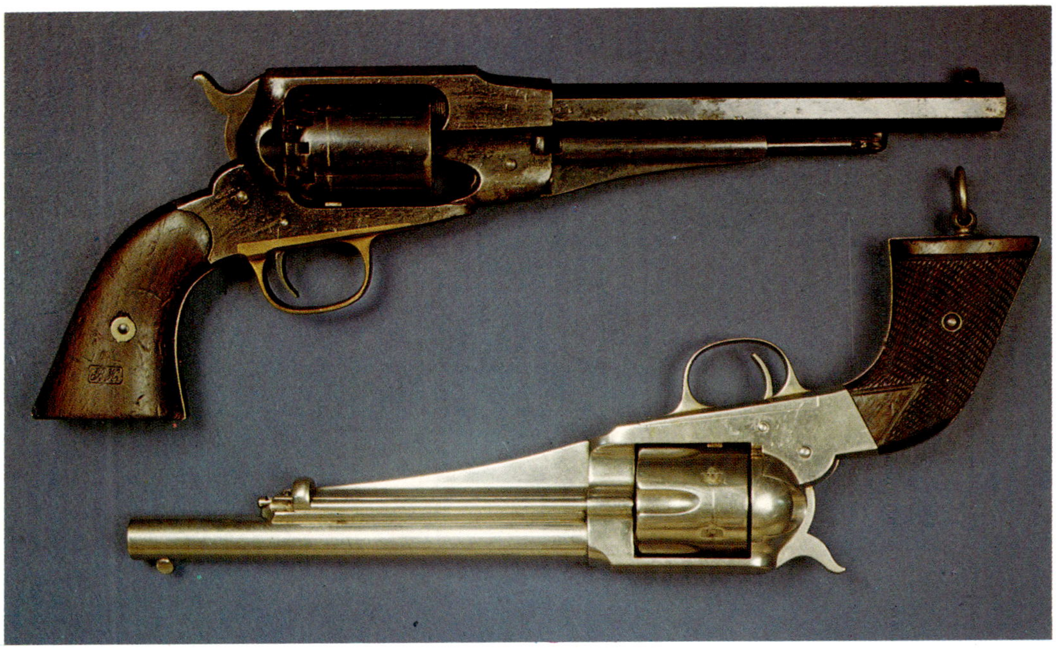

Links: Gegen Ende der sechziger Jahre des 19. Jh.s verlegten sich die europäischen Waffenhersteller auf metallische Munition. Damit waren die Tage der Zündschloßpistole gezählt. In den USA allerdings wurden beide Typen noch länger nebeneinander benützt. Hier zwei der beliebtesten Remingtons: Der Zündschloßrevolver oben ist das neue Armee-Modell von 1863, und die schöne nickelplattierte Pistole unten das berühmte Modell von 1875. Die Übereinstimmung mit dem Colt des neuen Armee-Modells von 1873 verursachte einiges Aufsehen, aber die Remington galt doch gegenüber dem Colt als weniger gut.

Unten: Der Londoner Waffenschmied John Adams ließ diesen Revolver 1866 patentieren. Er dürfte der beste unter den englischen Zündschloßrevolvern sein, kam aber zu spät, weil sowohl das Militär als auch Privatinteressenten Waffen für Metallpatronen haben wollten. Mitte der siebziger Jahre wurden viele tausend Zündschloßrevolver auf Patronen umgestellt, weshalb nicht abgeänderte Stücke, wie dieses hier, jetzt recht selten sind.

Rechts: Drei englische Armeerevolver des späten 19. Jh.s. Oben der John-Adams-Revolver von 1867; diese beliebte Waffe verwendete .45 kurze Patronen, erfunden von Oberst Boxer, und erwies sich bei Versuchen in Woolwich dem Colt in der Thuer-Ausführung als überlegen. Weitere Verbesserungen ergaben den ebenfalls berühmten John Adams Modell 1872, in der Mitte vorgeführt. Auch er spannte und feuerte wie sein Vorgänger vom Abdrücker aus, hatte aber den gleichen Nachteil des umständlichen Ladens, nämlich über eine Klappe, und die Patronen mußten hernach wieder mit dem Stift ausgestoßen werden. Der Enfield Mark-II-Revolver, der ihn ersetzte — darunter abgebildet —, besaß eine Auswurfvorrichtung, die Laden und Entladen beschleunigte.

Links: Die größten Rivalen des Colts waren in Amerika Smith und Wesson, die Revolver mit voller Bohrung zum Abfeuern von Patronen statt der bis dahin üblichen Kapsel- und Kugelladungen, und zwar seit 1857, herstellten. Oben das zweite Modell von Smith und Wesson, eine Kaliber .22 Siebenschuß-Pistole aus den fünfziger Jahren. Ganz unten Kaliber .32 mit dem Vogelkopfgriff. Von den beiden großen Waffen in der Mitte ist die obere die Nr. 3 Modell »American« Kaliber .44, Sechsschüsser, und zwar eine spätere Ausführung des Modells Nr. 3, das zuerst 1870 aufgelegt wurde. Wenn der Schnapper hinten am Rückschlagschild hochgeschoben wurde, kippte der Lauf ab und drückte die Trommelklinke hoch, ebenso den Ausstoßer für die verbrauchten Patronen. Die untere Waffe mit dem Sporn am Abzugbügel ist das berühmte »russische« Modell, das zu Tausenden an die kaiserlich-russische Regierung verkauft wurde, zusammen mit Munition nach besonderer Spezifikation.

Rechts: Eine interessante Gruppe von Smith-und-Wesson-Revolvern: Oben ein Kaliber .44 Neues Modell Nr. 3 »American«, graviert und silberplattiert mit Elfenbeingriff. In der linken Ecke unten eine verzierte, gravierte und goldplattierte Ausführung von etwa 1880, mit monogrammiertem Perlmuttgriff. Die beiden sie flankierenden Pistolen sind ein schönes Paar Kaliber .22 Zweites Modell Nr. $1^1/_2$, bei dem der Hammer auf den Patronenrand schlägt, der Lauf aufkippt zum Laden und Entladen, und die Patronen werden mit dem unter dem Lauf sichtbaren Stift ausgeworfen.

Rechts unten: Schöner Smith und Wesson Kaliber .32 Nr. 2 Armeerevolver mit seitlicher Patronenzündung durch den Hammer. Er kam zuerst Juni 1861 heraus und war bald sehr beliebt. Ein Paar in etwa gleicher Ausführung wurde dem General George A. Custer (1839 bis 1876), dem Anführer der Indianerkämpfe, im Jahr 1869 überreicht. Es wird behauptet, daß Wild Bill Hickok außer seinem normalen Arsenal versteckt auch noch eine Nr. 2 bei sich hatte, als er 1876 getötet wurde.

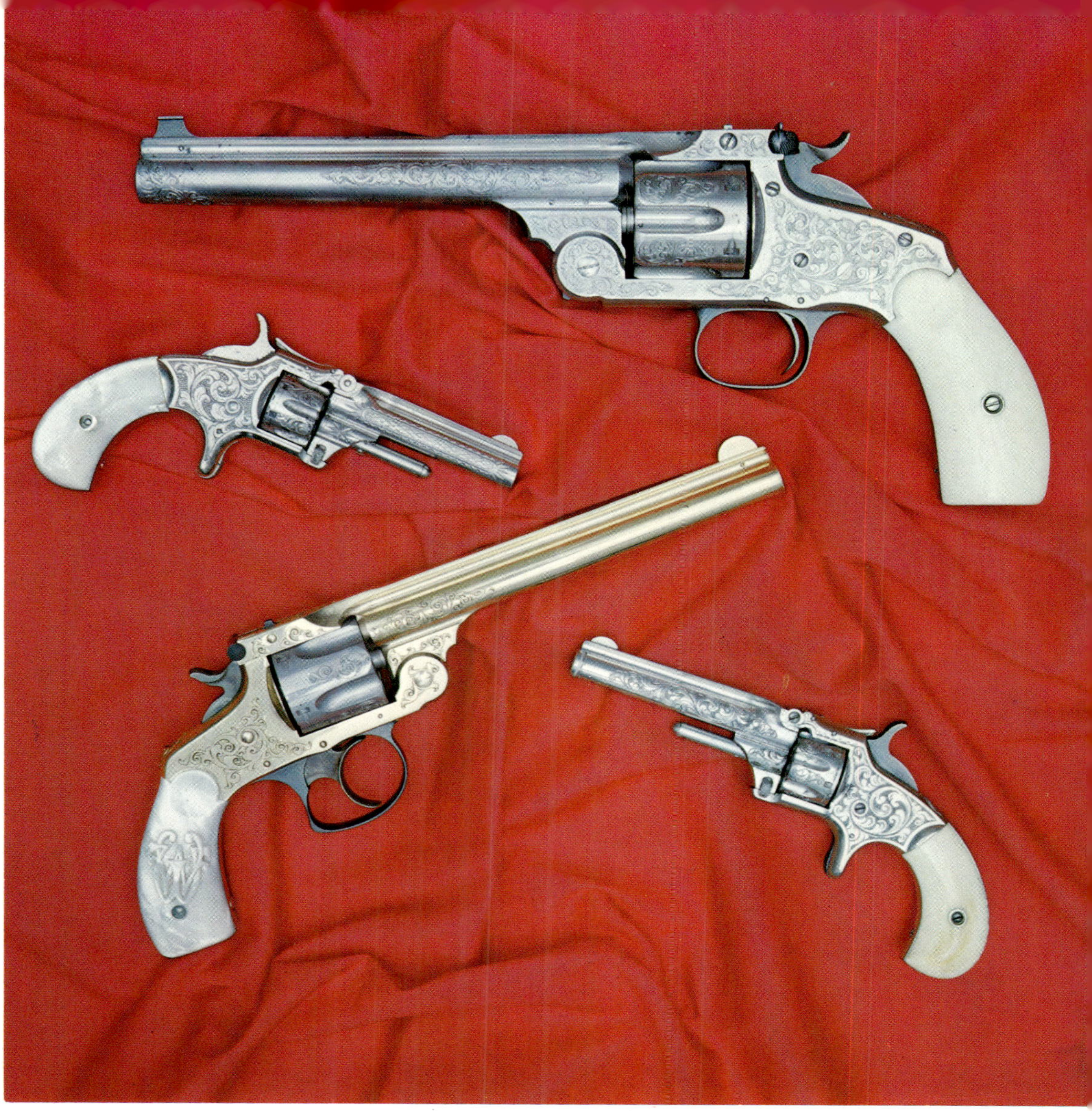

Links: Bis in die achtziger Jahre hatten die Colt-Revolver viele Änderungen erfahren. Oben das Armee-Modell von 1878, Spannen und Schießen in einem Gang, eine verbesserte Ausführung des »Blitz« von 1877, mit soliderem Rahmen. Scharf kritisiert wurde die mäßige Ausführung des Schlosses. Man drängte Colt dazu, eine brauchbare Waffe mit selbsttätigem Auswerfer zu fabrizieren, und so kam 1889 der erste Colt mit ausschwingender Trommel heraus. Bis 1892, dem Herstellungsdatum der mittleren Waffe, war diese Form sowohl beim Militär als auch dem allgemeinen Waffenfreund beliebt geworden. Unten kann man die ausgeschwenkte Trommel sehen; es ist der berühmte neue Dienstrevolver, von dem zwischen 1898 und 1944 etwa 335 000 Stück hergestellt wurden.

Unten: Seitenansicht eines Colts in voller Größe; Spannen und Schießen in einem Gang, mit ausschwenkbarem Zylinder (Trommel), Modell 1892. Der Riegel hinten am Zylinder

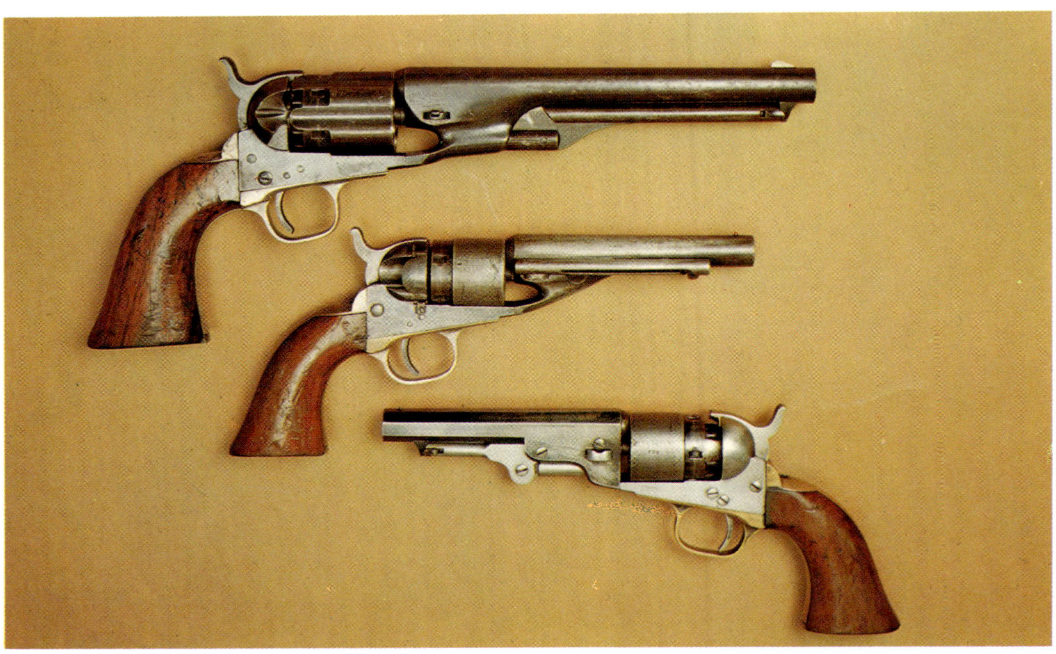

wird betätigt, worauf die Trommel frei ist und um eine Achse ausschwenkt. Der Bolzen unter dem Lauf wird eingeführt und betätigt den Ausstoßer hinten an der Kammer. Diese Methode des Ladens und Entladens war sehr viel besser als das bisherige Verfahren beim Colt.

Links unten: Unter Oberst Samuel Colts vielen Pistolen war auch das berühmte Neue Modell des Armeerevolvers von 1860, das sehr viel verwendet wurde im amerikanischen Unabhängigkeitskrieg 1861 bis 1865. Die Pistole wurde mehrfach geändert, und das Beispiel oben im Bild ist früh (Nr. 210); bei ihm sind Kehlungen in den Zylinder geschnitten worden, um das Gewicht zu vermindern. Spätere Modelle erhielten abgerundete Trommeln, dazu mit eingerollten, vertieften Zeichnungen, wie sie früher auf den Marine-Revolvern waren. Der für die Pistolen benützte Rahmen war identisch mit dem der Marine-Pistolen Kaliber .36 von 1851. Um das Kaliber auf .44 zu vergrößern, wurde die Vorderseite der Trommel erweitert und der Rahmen dazu ausgefräst, um den Zylinder »mit Falz«, wie das bezeichnet wurde, aufzunehmen. Unter dem 1860er Colt sind zwei Taschenpistolen abgebildet, beide vom gleichen Prinzip. Ihr ursprünglicher Rahmen wurde für das Modell Kaliber .31 von 1849 entworfen, aber die Pistole wurde auf Kaliber .36 vergrößert. Die obere Pistole ist von 1862, umgeändert auf .38er vom Rand zu zündende Munition, die untere die normale Taschenpistole vom Marine-Kaliber.

Rechts: Im Jahre 1894 brachte die Colt Company eine besondere Scheibenschützen-Ausführung des Friedensstifters heraus, die Bisley, benannt nach der bekannten Schießanlage in Surrey, England. Sie unterscheidet sich von der normalen Ausführung vor allem dadurch, daß der Hammer zurückgebogen und der Griff länger und steiler ist. Rechts der normale Einschuß-Armeerevolver mit 14 cm langem Lauf, etwa 1875, links die Bisley-Ausführung mit 19 cm langem Lauf.

Links: Unten links die Webley .455 Mark II und rechts daneben die Webley-Fosbery. Die automatische Pistole unten rechts ist das berühmte Selbstlademodell, das einst die offizielle Handwaffe der Marine war. Darüber der .455 Scheibenrevolver und ganz oben die Mark V Nr. 1.

Rechts oben: Zwei Varianten des Enfield-Revolvers Nr. 2 Mark I. Der obere vom Kaliber .38, Modell 1931, war der normale englische Dienstrevolver im Zweiten Weltkrieg; eine Sechsschußwaffe, Spannen und Auslösen in einem Gang, mit eingebauter Sicherung, die den Hammer nach dem Abfeuern von der Patrone zurückspringen läßt. Darunter eine aufgeschnittene Waffe, die einen Begriff von der Arbeitsweise gibt. An der Seite der Hebel, der den Steigbügel betätigt, direkt vor dem Hammer. Sowie er freigegeben wird, kann der Lauf heruntergehen, um auszuwerfen oder neu zu laden.

Rechts Mitte: Sammlung italienischer Revolver und automatischer Pistolen. Oben links das »System Bodego«, Sechsschuß-Modell von 1889, Spannen und Feuern in einem, Kaliber 10,35 mm, Zündung Patronenmitte, mit einziehbarem Abzug, hergestellt von der königlichen Fabrica d'Armi Glisenti in Brescia. Rechts spätere Ausführung mit normalem Abzugbügel und abgerundetem Lauf. Links Mitte und unten rechts zwei frühe Beretta, rechts Mitte eine Glisenti Automatik und links unten eine Leuchtpistole, alle vom Zweiten Weltkrieg.

Rechts unten: Leuchtpistolen sind normale Ausrüstung zu Lande und zur See, notwendig für Erkundungs- und Rettungsoperationen. Hier zwei Muster von Webley zusammen mit Drahtscheren und anderen Werkzeugen der Schützengräben des Ersten Weltkriegs.

Unten: Schönes Exemplar des berühmten halbautomatischen Webley-Fosbery-Revolvers, Kaliber .455. Dieser Revolver brachte eine ganz neue Entwicklung: Der Lauf, die Ladevorrichtung und die Trommel bilden eine Einheit, die sich entlang in den Rahmen eingeschnittener Züge zurück- und vorbewegt; beim Abfeuern gehen diese Teile zurück. Für den ersten Schuß wird die Pistole gespannt, der Rücklauf betätigt dann den Spannmechanismus für die folgenden Schüsse.

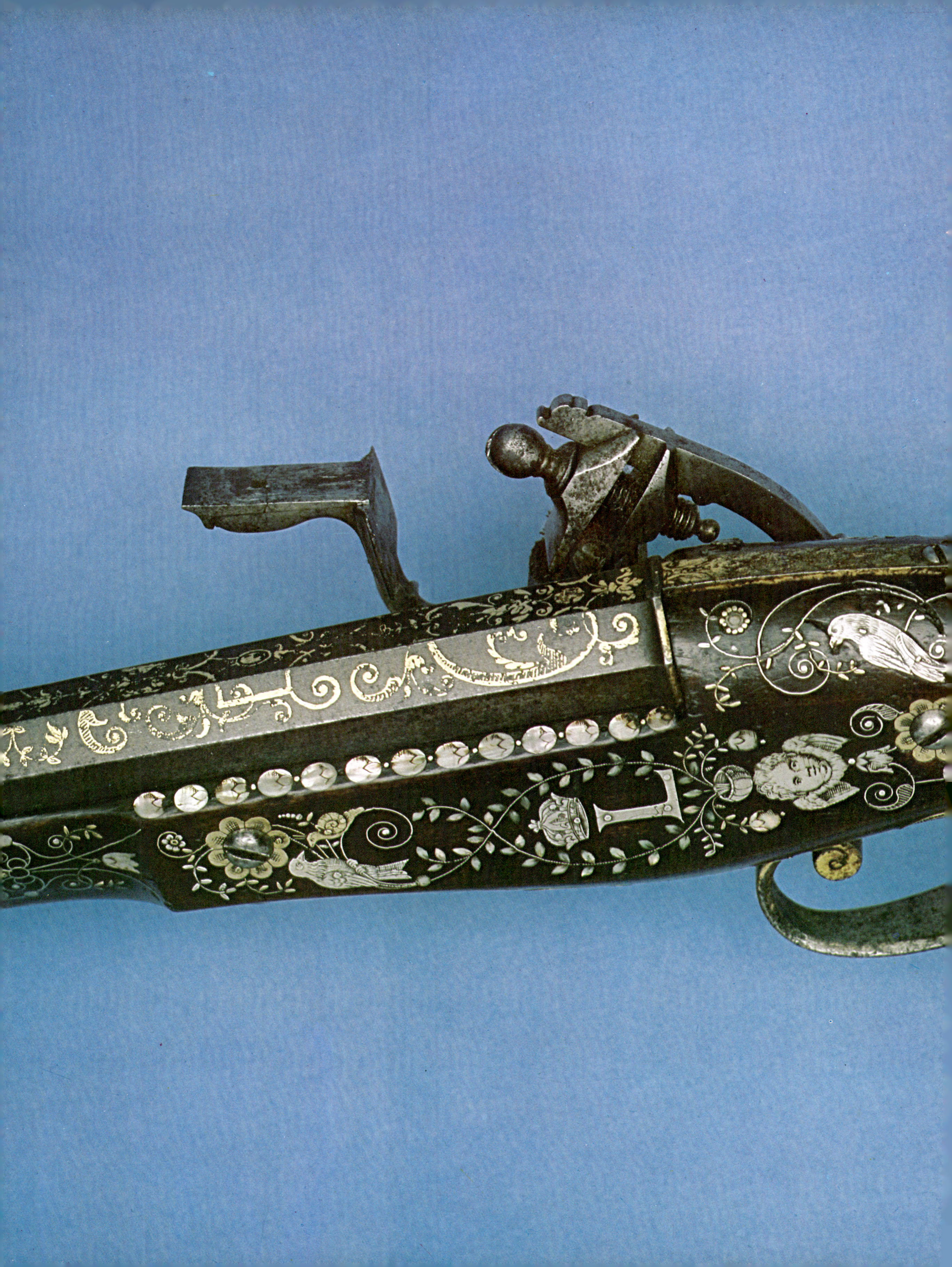

Jagdgewehre

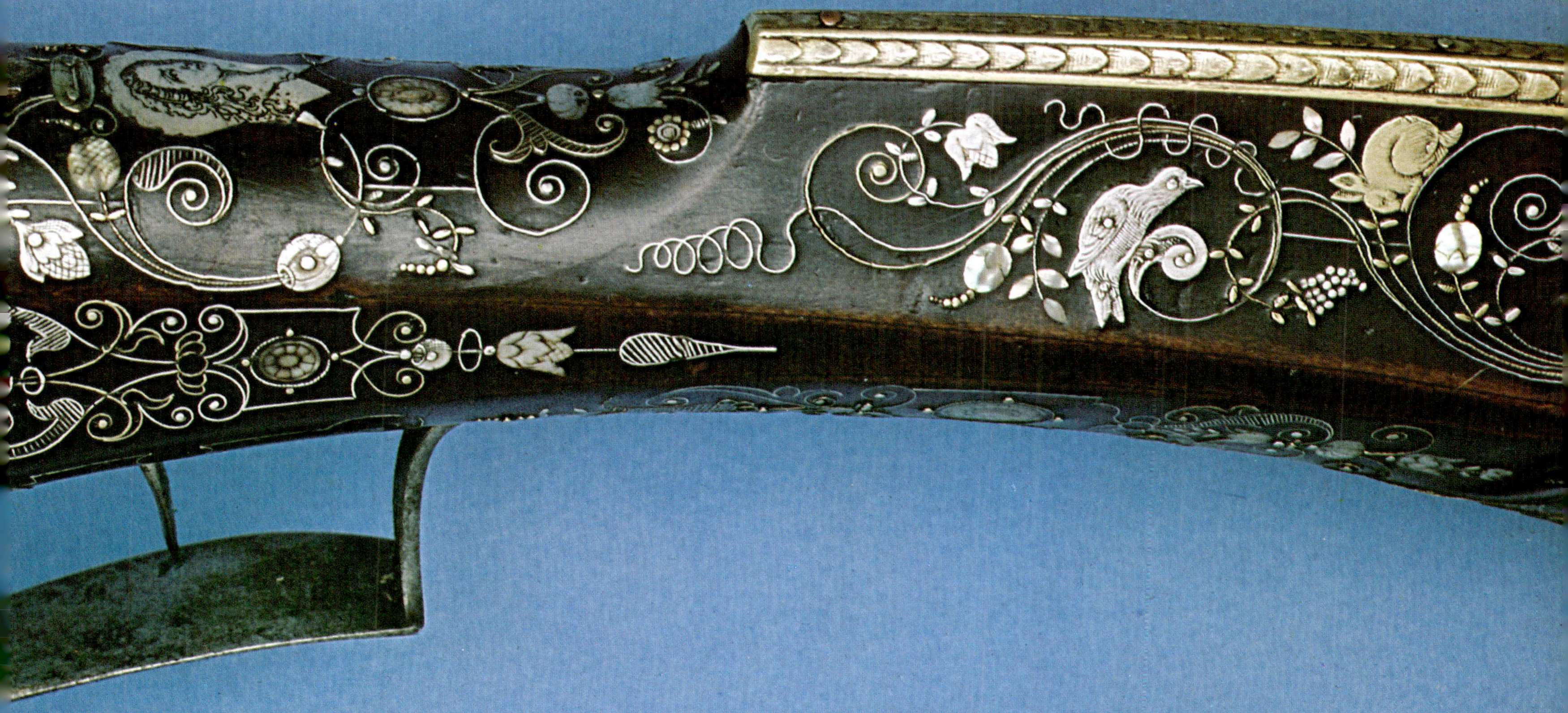

Sicherlich, Jagen war der Sport der Könige lange vor der Begeisterung an Rennen aller Art. Jagen war aber auch die Leidenschaft aller anderen, der sie als natürlichem Recht seit undenklichen Zeiten huldigten, später aber auch allen grundherrlichen Verboten zum Trotz. Der Schritt vom Bogen, der Saufeder oder dem Wurfspieß zum Gewehr scheint also ganz natürlich und war doch in Wirklichkeit eine Revolution in der Einstellung zur Waffe und ihrem Gebrauch. Hatte man noch den eigenen Bauern unterstützt, mit dem Bogen und anderen Waffen zu üben, schon eines Kriegsfalles halber, so konnten sich jetzt nur der Landadel und der Reiche Feuerwaffen leisten, und auch nur solche Bevorzugten hatten das Recht und die Erlaubnis, Gewehre zu kaufen und zu verwenden.
Sehr bald kam es dennoch zum Gebrauch von Feuerwaffen durch Straßenräuber und Verbrecher, und in England wurde bereits 1542 unter Heinrich VIII. ein Gesetz durch das Parlament erlassen, in dem es heißt:

»Menschen mit böslich geartetem Gemüt und Sinn haben voller Absicht und ohne Scham die verächtlichsten und schamlosesten Morde teils vollführt, teils beabsichtigt, ebenso Räubereien, Felonien, Aufruhr und Schlägerei, und sie haben dabei verwendet Armbrust, kurze Gewehre und kleine Feuerstutzen, zum großen Schaden und zur steten Furcht und Gefahr des Königs vielgeliebten Untertanen . . .«

Entsprechend war Schießen oder Waffenbesitz im Hause untersagt, wenn nicht Landeigentum vorhanden oder Einkommen von mehr als 100 Pfund nachgewiesen werden konnte, mithin das klassische Beispiel eines Gesetzes für die Reichen und gegen die Armen, denn es beschränkte Besitz und Gebrauch auf den Adel, die Landbesitzer und die erfolgreich neu aufkommende Mittelklasse. Als Ausnahme durften die Bewohner der Küstengebiete Gewehre kaufen und mit ihnen üben, wohl zur allgemeinen Abwehr, sei es gegen die Feinde des Königs, sei es gegen örtliche Schmugglerbanden und Strandräuber.
Im Laufe der Jahre wurden diese Bestimmungen vergessen oder geändert. In ganz Europa wurden überall Gewehre hergestellt, für Jäger ebenso wie für Wilddiebe. Der Preis der Feuerwaffen wurde niedriger; sie waren nun kein Zeichen mehr für einen bevorzugten Stand.
Schon seit der Zeit der ersten Zündschlösser wurden besondere Waffen für die Jagd geschaffen. Vor allem waren Büchsen mit langem Lauf sehr beliebt für die Jagd auf Wildenten, und wenn auch die meisten Jäger in der freien Landschaft oder im Walde pirschten, so wurden doch auch viele mit Strafen belegt, weil sie Feuerwaffen zu nahe der Stadt und in Dörfern benutzten.
Im 17. Jh. kannte das »Vogeljagen« keine Standesunterschiede mehr, und auch die Ärmeren machten mit. Nur die Beweggründe unterschieden

Oben: *Ein Besucher des Wilden Westens vor dem Eintreffen der weißen Siedler war der deutsche Forschungsreisende Prinz Maximilian zu Wied (1782—1867, vorn rechts, neben dem ganz rechts stehenden Schweizer Maler Karl Bodmer, 1809—1893). Prinz Maximilians Buch wurde 1834 in mehreren Sprachen veröffentlicht und wunderbar ergänzt durch die nach Bodmers Aquarellen gestochenen und kolorierten Bilder. Das oben abgebildete Blatt zeigt das Zusammentreffen der beiden Reisenden mit den Minatari-Indianern um 1833. Beide Reisende verwendeten übrigens ihre Gewehre nicht wie andere frühere Besucher, um das örtliche Wildleben abzuschlachten.*
Vorhergehende Doppelseite: *Großaufnahme eines Teiles des Gewehrs von Le Bourgeoys von den Seiten 66 und 67 unten; mit dem L und der königlichen Krone links unten und dem Bild des Königs oben Mitte. Weder der schönen Einlegearbeit noch der Gravur hat die Zeit etwas anhaben können; die Waffe ist noch in bemerkenswert gutem Zustand.*

sich; während die Reichen Freude am Jagen hatten, wollten die Armen vor allem ihre Felder schützen.
Für diesen wachsenden und einträglichen Markt ließen sich die englischen Waffenschmiede etwas Besonderes einfallen. Es war dies das beliebte »Vogelstück«, ein massives, glatt gebohrtes Gewehr mit einem Lauf von manchmal 1,50 oder gar 1,80 Meter Länge. Augenscheinlich gab es Leute, die sich sagten, daß ein Gewehr um so weiter schießen könne, je länger es wäre. Ballistisch stimmt das nicht durch die Bremswirkung, der die Kugel infolge der Reibung im Lauf unterliegt. Andererseits wurde der Antrieb bei dem sich nur langsam entfaltenden Pulver im langen Lauf besser genützt. Die Ergebnisse jedenfalls waren eindrucksvoll, und es blieb bei den langen Läufen. Mit der Besserung des Pulvers allerdings wurden dann die Läufe doch wieder kürzer, aber selbst dann, als die Kürze schon sehr beliebt war (besonders bei Wilddieben und Verbrechern, die auf beschränktem Raum und im verborgenen wirkten), galten lange Läufe noch immer als vornehmer. Der Anschauung folgte man auch beim Militär, und so waren Waffen mit sehr langen Läufen zur Verteidigung fester Plätze beliebt, etwa im englischen Bürgerkrieg.
Mit jeder neuen Generation kommen neue Ideen und Erfindungen. Beliebtheit des Jagens, verstärkte Ausübung, etwa durch König Ludwig XIII. von Frankreich und andere Herrscher, erhöhten die Freude am Schießen. Mit dem 18. Jh. wurden Vogelflinten mit Steinschloß Objekte des Schönheitskultes, und ihr wunderbarer gleichgewichtiger Ausgleich sicherte ihnen bevorzugte Zuneigung der Sportsleute bis weit ins 19. Jh. Als sich dann das Zündschloß allgemein durchgesetzt hatte, waren alsbald auch die Jagdgewehre mit diesem Schloß an der Spitze, und ein neues Wort kam mit ihnen auf: die Schrotflinte.
In dem Jahrhundert seit der Einführung hat sich keine andere Waffe so sehr durchgesetzt wie diese. Ursache war vor allem die Zweckbestimmung; abweichend von allen Gewehren, die alle nur eine Kugel abfeuerten, war die Schrotflinte von vornherein dafür gedacht, eine Anzahl von Geschossen oder Bleikügelchen zugleich abzufeuern, und die Länge des Laufes wie auch die vordere Verengung zur Streuung des Schusses waren maßgeblich dafür, wie sich das Schrot verteilte. Wenn die Flinte so verwendet wurde, wie vom Gestalter vorgesehen, also auf die normale Entfernung, wird auch die Beute nicht sonderlich durch die gestreuten Geschosse beeinträchtigt.
Man fand dann aber noch andere Verwendung für diese Art der Waffe. Im späten 18. Jh. und Anfang des 19. Jh.s wurden Waffen mit glockenförmigen Mündungen geschaffen, bekannt unter dem Namen »Blunderbusses«. Begleiter der wildwestlichen Überlandkutschen führten sie mit sich, und es hieß, sie hätten in der Ladung ebensoviel alte, kleingehackte Hufnägel wie echte Schrotkugeln, und man ging ihnen deshalb lieber aus dem Weg. Das Aufkommen dieser Flinte belebte überhaupt das Interesse an Waffen mit Streuung, und schon 1850 wurden abgesägte Gewehre verwendet, auch im Krieg. So etwa in den blutigen Gefechten an der Kansas-Missouri-Grenze 1850, wo die Befürworter und Gegner der Sklavenfrage ihr Möglichstes taten, einander auszurotten, und ebenso gegen die Sepoys beim indischen Aufstand. Im Wilden Westen bewaffnete Wells Fargo seine Wagenführer oder Überlandboten mit diesen ausgesprochen unerfreulichen Waffen; auch der Leibwächter trat bei dieser Gelegenheit erstmalig in Amerika auf.
Aber auch einzelne hielten sie brauchbar für ihre Zwecke. John H. Holliday, besser noch bekannt als Doc Holliday, der auf seiten der Earps im berühmten Gewehrgefecht von Tombstone stand, besaß ein solches Gewehr, das W. W. Greener nach seinen Angaben gefertigt hatte. Diese Waffe, für die Jagd entworfen, wurde bald Berufsausweis der Bankräuber und Gangster.
Nur wenige Erfinder, die im 19. Jh. an Verbesserungen für die Zielsicherheit der Sportwaffen arbeiteten, hatten den Erfolg des Reverend Forsyth von Belhevie; immerhin führten alle diese Versuche schließlich doch zur Verwendung des Laufes mit Zügen, der an sich schon im 16. Jh. erprobt worden war. Diese Waffen, »Rifles« genannt, waren zumeist recht teuer, und dem Jäger fehlte zunächst das Verständnis dafür. In Deutschland allerdings und auch in anderen Ländern wurden Läufe mit Zügen selbstverständlich. Sie kamen mit der Bezeichnung Jaegers nach England, hatten aber sehr massive Läufe. Die Kugel war so groß, daß sie in den Lauf geklopft werden mußte; war aber einmal geladen, so traf man mit dem Gewehr sehr genau; es wurde daher hoch geschätzt.
Auch die Vereinigten Staaten lieferten berühmte Sport-, Jagd- und andere Rifles, die viel dazu beitrugen, technische Vorstellungen beim Militär, aber auch sonst zu revolutionieren. Die Rifles der Prärie, wie überhaupt viele Waffen der Zeit, die von Freunden der Jagd oder des Schießsportes benützt wurden, verwendeten runde Kugeln. Sie hatten sie lieber als die konische Form, weil diese beim Laden beschädigt werden oder sich durch Verkanten festsetzen konnten. Die Armee jedoch bevorzugte die konischen Geschosse.
Eines der beliebtesten Präriegewehre war die Hawken, eine leichte Waffe, die etwa der berühmten Kentuckyflinte mit Steinschloß ähnelte, nur daß sie ein Zündschloß hatte. Schwerere Waffen größeren Kalibers gab es für die Büffeljagd. Abweichend von den Kentucky- und Hawken-Gewehren mit den eleganten Linien, waren solche Waffen völlig auf den praktischen Zweck ausgerichtet. Die Läufe waren sehr schwer, meist achteckig, und die Kaliber gingen von .45 bis .56. Der Schaft war kurz, kräftig und frei von jeder Verzierung. Alles in allem hatten die Präriegewehre hinsichtlich der Genauigkeit und der Wirkung kaum Rivalen.
Die berühmtesten stammen wahrscheinlich von Christian Sharp. Die frühen, vom Laufende her zu ladenden Gewehre werden noch erwähnt. Hier geht es um seine größte Rifle, die »Dicke Fünfziger«, ein Büffelgewehr Kaliber .50. Sie konnte einen Büffel auf eine Meile Entfernung erlegen, kam aber nicht vor 1880 auf den Markt; damals waren die Büffelherden ohnehin schon von Berufsjägern dezimiert oder fast ausgerottet. Folglich gab es für die Prärie-Indianer keine Nahrung mehr, keine Häute für Zelt oder Kleidung und andere Bedürfnisse, und die Ausrottung der Büffel führte schlechthin zu ihrem Untergang. Die Dicke Fünfziger erschien also gerade in dem Augenblick, als die wenigen verbleibenden Büffel durch Gesetz geschützt werden sollten.
Allgemein hat sich die Haltung des Menschen zur Jagd und zum Schießsport sehr geändert. Noch gegen Ende des 19. Jh.s und auch noch zu Anfang dieses Jahrhunderts wurden in Afrika und in Nordamerika von Jägern und Sportsleuten riesige Mengen Wild getötet und auf weiten Flächen das Wildleben vernichtet. Jäger kehrten zurück, sagten, es war »ein gutes Schießen« und rechneten den Erfolg bei fliegender Beute zu Hunderten und beim Großwild zu Dutzenden. Bei Wettschießen wurden riesige Taubenmengen vernichtet. Dieses Abschlachten erweckte allgemein Widerspruch, so daß die Tauben durch Tonscheiben ersetzt werden mußten. In dieser Form ist das Taubenschießen Wettbewerb der Olympischen Spiele geworden. Weiter ist beliebt das Scheibenschießen, wofür es in England schon seit 1859 Vereine gibt, und der erste Wettbewerb auf den Wimbledon Commons war schon 1860. In Amerika sind diese Vereine und ihr Dachverband, die National Rifle Association, so mächtig, daß sie in der Lage waren, die vorgeschlagene gesetzliche Beschränkung des allgemeinen Verkaufs und Besitzes von Feuerwaffen zu Fall zu bringen. Aber auch hier wird das sinnlose Abschlachten von Flug- und anderem Wild sehr verurteilt und eingedämmt, da unser Zeitalter erkennt, daß Wildleben jeglicher Art vor dem Erlöschen steht. Noch gibt es Lücken in den Vorschriften. Vor allem bei der übelsten Art gewisser Jäger, die nach dem Grundsatz vorgehen »wenn es sich bewegt, draufhalten!«. In manchen Ländern, wie Südfrankreich oder Italien, sind neben Menschen auch jagdfremde Tiere häufig Opfer der jährlichen Jagdsaison.

In den dreißiger Jahren des 19. Jh.s entstand auch der unvergleichliche Bildbericht des amerikanischen Malers George Catlin vom Wilden Westen, in dem sich auch Darstellungen der Büffeljagden durch Indianer und frühe Präriesiedler finden. Gelegentlich, wie auf dem Bild der Umgekehrten Jagd, *konnten Umstände eintreten, die der Jäger nicht vorausgesehen hatte.*

Links: Die Browning-Bock-Doppelflinte ist für Jagd und Sport gleichermaßen beliebt. Sie hat zwei Läufe übereinander und gilt als Spitzenqualität. Besonderer Wert wurde auf geschmackvolle Verzierung gelegt.

Unten: In Deutschland war man Meister in der Verzierung von Feuerwaffen, dieses typische Jagdgewehr aus der ersten Hälfte des 19. Jh.s beweist es. Es wurde hergestellt von J. C. Stockmar aus Suhl in Thüringen und hat schöne Stahlapplikationen auf goldenem Hintergrund. Der Schaft ist mit feiner Rokoko-Schnitzarbeit verziert.

Ganz unten: Dieses sehr schöne Jagdgewehr wurde um 1615 von Pierre le Bourgeoys aus Lisieux für König Ludwig XIII. angefertigt

und ist eines der schönsten Gewehre der Zeit. Der Schaft mit Silber-Einlegearbeit in Rankenform, dazu noch graviert und am Ende des Schaftes noch mit besonderem Blattwerk versehen. Die glatte Schloßplatte steht dazu im Kontrast, erhöht aber so die Wirkung großer Eleganz. Siehe auch Seiten 62 und 63.

Rechts: Die Beliebtheit englischer Waffen war in den guten Materialien und durch die gute Arbeit begründet. Für den Jäger mit bescheidenen Mitteln gab es viele Lieferanten; daneben wurden aber auch kostspielige, nach Angabe besonders gefertigte Waffen verwendet, wie diese doppelläufige, Kaliber .12 Modell Royal der Firma Holland & Holland.

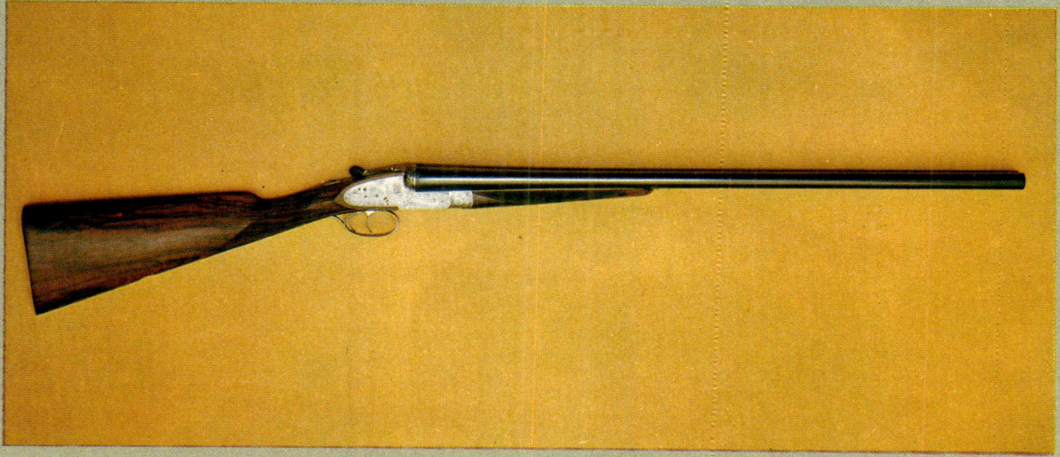

Links: Der Name Mauser ist seit vielen Jahren ein Gütezeichen für Militär- und Jagdwaffen; die ersten Gewehre des Unternehmens erschienen bereits 1880. Das Bild zeigt im Ausschnitt das Zielfernrohr einer Jagdwaffe.

Rechts: Großwildwaffen wird immer noch besonderes Interesse entgegengebracht, selbst in Zeiten des verstärkten Naturschutzes, in denen der Abschuß gewisser Arten streng kontrolliert ist. Zum Erlegen von Löwen, Tigern oder Elefanten wird ein Gewehr von großem Kaliber benötigt, zum Beispiel eine Wetherby-Wildbüchse mit Teleskop, eine beliebte Safari-Waffe.

Unten: Wenn auch die Grundform des Schrotgewehrs in den letzten hundert Jahren unverändert blieb, so gibt es doch ständig technische Besonderheiten und immer wieder weitere Verbesserungen. Bei diesem Modell der Firma Darne in Saint-Etienne geht das Schloß zurück, und ein von Fall zu Fall wirkender Auszieher holt die abgeschossene Kartusche aus dem Lauf.

Büchsen

Jener Erfinder, der zuerst begriff, daß eine sich drehende Kugel weit eher gerade fliegt und härter aufschlägt als die nicht drehende, muß wohl ein Genie gewesen sein. Sein Name ist nicht überliefert, aber er dürfte um 1500 in Mitteleuropa gelebt haben. Armbrustschützen verwendeten bereits krumme Bolzen, die sich im Flug drehen würden und deshalb um so genauer treffen sollten. Irgendwann hat dann der anonyme Waffenschmied dasselbe versucht. Ein Gewehr mit Zügen, das noch ein Radschloß gehabt haben soll, war angeblich im Besitz Kaiser Maximilians I. (1459 bis 1519), des letzten Ritters.
Heutzutage sind alle Gewehre, Schrotflinten ausgenommen, mit Zügen versehen, d. h. innen spiralförmig ausgefräst, aber die Ausdrücke »gezogener Lauf« oder »rifled« existieren erst seit zweihundert Jahren. Vor der Mitte des 18. Jh.s waren die meisten Schulterwaffen glatt gebohrt und hießen allgemein Musketen. Aber zu Anfang des 19. Jh.s trat ein schneller Wechsel ein. Statt der glatt gebohrten Waffen wurde die Zahl der mit spiralig laufenden Zügen vom Laufende bis zur Mündung versehenen immer größer. Technisch gesehen haben sie Felder und Züge, wobei die Felder die Wandung der ursprünglich glatten Bohrung darstellen, während die Ausfräsungen oder Züge den tatsächlich gezogenen Lauf ergeben. Der Umfang der Drehung, der Spin, den das Geschoß erhält, wenn es den Lauf verläßt, hängt ab von der Zahl der Züge und davon, wie oft sie in der Länge des Laufes wendeln.
Die Theorie des gezogenen Laufes ist vielerorts zu Anfang des 18. Jh.s studiert worden, denn es war doch augenscheinlich, daß Projektile aus

Oben: *Begebenheit während eines der unauffälligeren Kleinkriege des 19. Jh.s, bei dem ein englisches Kontingent, angeworben von der Ostindischen Kompanie, 1856/57 die persischen Besetzer aus der Stadt Herat in Afghanistan vertrieb. Voran stürmt Kapitän J. A. Wood von der 20. Indischen Infanterie, dem später für die Erstürmung des Fort Reschire das Victoria-Kreuz verliehen wurde. Die Inder unter seinem Kommando waren mit Kaliber .577 Enfield-Vorderladern ausgerüstet.*
Vorhergehende Doppelseite: *Von den vielen oft sehr geistvollen Versuchen, Feuerwaffen mit mehrfacher Lademöglichkeit zu schaffen, hier einer der besten. Er stammt aus Frankreich vom Ende des 17. Jh.s und kann nach einmaligem Laden drei Schuß abgeben. Jede Kammer wurde mit Geschoß und Pulver versehen, und die zu jeder Kammer gehörende Pfanne mit der Zündung. Danach wurde die Trommel so gedreht, daß eine Kammer mit dem Lauf übereinstimmte, und der Hammer gespannt.*

glatten Läufen weniger stabil durch die Luft flogen als solche aus gezogenen. Ein englischer Mathematiker und Gewehrfachmann, Benjamin Robins, schrieb 1742:
»Die Projektile folgen dem Wendel der Züge, und dabei, abgesehen von der zunehmenden Beschleunigung, bekommen sie eine kreisförmige Bewegung um die gedachte Achse des Gewehrs, wodurch die aus einer gezogenen Büchse abgeschossene Kugel ständig veranlaßt wird, rund um eine Linie zu wirbeln, die der Flugachse entspricht.«
Die Deutschen waren mit die ersten, die gezogene Waffen verwendeten, wofür die schon erwähnten Jagdwaffen klassische Beispiele sind. Jedoch gab es bei diesen Gewehren, abgesehen von ihrem hohen Gewicht, auch Schwierigkeiten beim Laden. Um maximale Wirkung zu erzielen, mußte die Kugel ein wenig größer sein, so daß sie tatsächlich in den Lauf geklopft werden mußte. Der Schaden, der dabei entstehen konnte, wie

auch die Möglichkeit, vom verbrannten Pulver verletzt zu werden, konnte nur durch häufiges Durchziehen und Reinigen des Laufes aus der Welt geschafft werden; es mußte also eine bessere Ladeweise gefunden werden. Die übliche und einfachste Lösung dieser Aufgabe war die eingewickelte Kugel, die schon im 16. Jh. auftaucht. Auch hier ist der Erfinder unbekannt, sein Verfahren ist ebenso einfach wie geschickt. Die Kugel muß kleiner als die Bohrung sein und wird in einer gefetteten Lederrest oder ein Stück Lappen gewickelt und auf das Pulver von der Mündung her mit dem Ladestock heruntergestoßen. Beim Abfeuern des Gewehrs wird die Wicklung in die Züge gezwängt, und der Kugel wird so durch die Kraft der Explosion die Drehung verpaßt.

In das spätere Pennsylvanien brachten frühe deutsche Einwanderer diese schweren Jagdflinten mit; aus ihnen wurde dann die Kentuckyflinte der Revolutionskriege entwickelt. Sie kommt wohl aus dem Lancaster County, Pennsylvanien, wo sich einige deutsche Waffenschmiede niedergelassen hatten. Die mitgebrachten Gewehre waren nur für die Jagd gedacht; hier aber mußte eine neue Waffe entwickelt werden für den Mann an der Grenze, für Wehr und Jagd zugleich geeignet. So wurden vor allem kleine Kaliber von .30 bis .45 gefertigt, doch kommt auch das Kaliber .80 vor. Das Gewicht wurde sehr vermindert, und die so schöne Linie, die wir noch heute an dieser Waffe schätzen, erscheint. Ursprünglich waren Namen wie Pennsylvanier, Amerikaner, Langbüchse in Gebrauch; berühmt aber wurde sie unter dem Namen Kentucky-Büchse. Sie wurde sehr geschätzt von den Truppen, die mit ihr bewaffnet waren, und gefürchtet von allen, die ihr gegenüberstanden, so groß war die Genauigkeit selbst auf größere Entfernungen. Übertrieben aber dürfte sein, daß englische Soldaten nicht gegen die Kentucky antreten wollten und daß die Rekrutierung neuer Soldaten deshalb stark zurückging. Vielmehr war die Kentucky zwar in allen Punkten der Brown Bess überlegen, nur die Ladezeit war ungünstiger, d. h. länger. Aus diesem Grund waren die meisten amerikanischen Truppen darauf angewiesen, Überfälle auszuführen oder Hinterhalte zu legen, während die allgemeinen Truppen, die mit Besses oder Charleville-Musketen aus Frankreich ausgerüstet waren, hier im Vorteil waren. Soviel von dem Mythos, der der Kentucky als Geheimwaffe anhaftete und die den Engländern das Schlachtenglück versagte.

Aber nicht nur die Amerikaner entwickelten neue Vorstellungen. Eine vom Laufende zu ladende Muskete mit Zügen war die Erfindung eines Schotten aus der Gegend von Aberdeen, Kapitän Patrick Ferguson. Sein Entwurf verdankt allerdings einiges der früheren Arbeit eines Franzosen, Isaac de la Chaumette, doch machten seine Verbesserungen den Umgang mit der Waffe viel einfacher. Eine aufgesetzte Klappe am Abzugbügel wurde heruntergeklappt und gab das Laufende frei. Kugel und Pulverladung wurden eingeführt, die Schutzklappe hochgedreht und eingerastet, die Zündung angebracht, und das Gewehr konnte nun wie üblich abgefeuert werden. Bei Versuchen in Woolwich vor versammelten Spezialisten jener Tage und trotz Regen und Sturm konnte Ferguson ein Ziel in 200 Meter Entfernung sechsmal in der Minute treffen. Dann ging er auf das Ziel zu und konnte in der Bewegung immer noch vier Schüsse in der Minute anbringen. Abschließend demonstrierte er den Schuß ins Schwarze auf 100 Meter vom Boden aus — in Rückenlage.

Die Kommission war so beeindruckt, daß ein Auftrag auf 100 Fergusons für die in Amerika kämpfende Armee erteilt wurde; andere Aufträge für die Ostindische Kompanie folgten. Trotz beachtlicher Erfolge der Gewehre in Amerika erlosch das Interesse daran mit Fergusons Tod im Oktober 1780. Für den Mißerfolg der an sich guten Idee werden verschiedene Gründe aufgeführt: Der Schaft bei der Klappe am Laufende war zu sehr geschwächt; mit dem Gewehr umzugehen verlangte ungewöhnliches Geschick; Normalpatronen konnten nicht verwendet werden; die Kosten der Fabrikation waren zu hoch; die Waffe war ihrer Zeit zu weit voraus. Dennoch, es bleibt unverständlich. Immerhin hatte aber Ferguson seiner Zeit bewiesen, daß Laden vom Laufende aus das Laden von der Mündung her ablösen würde.

Fergusons Büchse hatte viele Nachfolger. In den Vereinigten Staaten war John Hall einer von mehreren; in der Schweiz erfand Samuel Johannes Pauly eine Waffe, deren Neuheit in der Munition mit nachgebendem Patronengehäuse bestand, so daß der Austritt von Verbrennungsflammen oder -gasen unterbunden wurde. Ihm folgte sein preußischer Schützling Johann von Dreyse, dessen Experimente in einer Zündkapselfabrik, deren Miteigentümer er war, zwei Erfolge brachten. Der eine war in den zwanziger Jahren das berühmte Zündnadelgewehr, der zweite das Laden vom Laufende im Jahr 1837. Dreyses Verfahren verlangte eine Bleikugel hinten mit einem kleinen Hohlraum zur Aufnahme der Zündung. Diese wurde zur Explosion gebracht durch eine lange Nadel, die durch die eigentliche Pulverladung hindurchschlug bis zur Zündmasse in der Kugel. In Europa wurde diese neue Waffe 1848 von den Preußen übernommen, und man versuchte die Konstruktion geheimzuhalten. Dies gelang mit so viel Erfolg, daß der Sieg über die Dänen 1864 und die große Niederlage der Österreicher 1866 darauf zurückgeführt wird.

In Frankreich beeilte man sich, gegenüber der preußischen Waffe ein gleichwertiges und verbessertes Gewehr zu schaffen, und fand es im Schlagbolzengewehr von Antoine Alphonse Chassepot. Mit kurzem und verbessertem Bolzen war es viele Jahre hindurch die französische Standardwaffe und wurde auch viel nachgeahmt.

Bis in die fünfziger Jahre des vorigen Jahrhunderts war England noch beim Zündschloß-Zeitalter, dank des erzkonservativen Duke of Wellington, der dabei blieb, daß die Brown Bess die beste Infanteriewaffe sei. So wurden Schlagbolzengewehre eigentlich erst mit dem Krimkrieg von den Militärbehörden völlig anerkannt. Damals machte sich das Vorhandensein der berühmten Enfield-Gewehre von 1851 und der legendenumwitterten Pattern von 1853 bemerkbar. Aber schon 1855 kaufte die englische Regierung von Sharp eine Anzahl vom Laufende her zu ladende Karabiner mit Schlagschloß zur Verwendung bei der Kavallerie. Doch erst in den sechziger Jahren wurden die vom Laufende zu ladenden Gewehre offiziell und allgemein eingeführt. Unter dem vielen, was ausprobiert wurde, waren Waffen von Leetch, Prince und Terry. Schließlich entschied man sich für die Technik des Amerikaners Jacob Snider. Weiterentwicklung indessen zeichnete sich ab. Die am Rand zu zündenden Patronen erwiesen sich als zuverlässig und wurden von vielen Waffenfirmen verwendet, besonders im amerikanischen Sezessionskrieg. In einer Kupfer- oder Messinghülse, die Kugel und Pulver umfaßte, befand sich auf dem Boden die eigentliche Zündung. Die heutige Munition des Kalibers .22 stimmt noch mit der aus den sechziger Jahren des vorigen Jahrhunderts überein. Waren Zündschloßgewehre, -musketen und -revolver noch die Hauptwaffen des Sezessionskrieges, so spielten doch die Hinterlader von Sharp, Spencer (ein Siebenschüsser) und anderen auch ihre Rolle. Hinzu kam der neue Henry-Stutzen, ein 16-Schuß-Gewehr mit Patronen-Randzündung, der 1866 durch die Winchester ersetzt wurde.

Drei berühmte Gewehre mit Zügen aus dem 19. Jh. Oben der Siebenschuß-Spencer, Kaliber .52, berühmt durch den amerikanischen Sezessionskrieg. Der Abzugsbügel konnte eingedrückt werden, um verbrauchte Hülsen auszuziehen und eine neue Reihe Patronen aus einem Magazin oder einer Röhre im Schaft in den Lauf zu bringen. Der Schaft konnte sieben Patronen in Kupferhülse aufnehmen. In der Mitte das Winchester-Gewehr, Modell 1866. Der Rahmen war ganz aus Messing; es war im Westen und beim Militär sehr beliebt. Unten eine Militärvariante der legendären Winchester 73 mit durchgehendem Schaft.

Die erste Winchester war ein großer Prärie-Erfolg; ihr folgte 1873 die dann wohl berühmteste von allen, die Winchester 73, oft auch genannt »die Waffe, die uns den Westen brachte«.

Das geht vielleicht ein wenig zu weit, aber ihr Schnellfeuer war sicherlich ein wichtiger Faktor. An jenem heißen Julitag von 1876, als General Custer und sein ganzes Kommando am Little Big Horn ausgelöscht wurden, hätten einige Winchester 73 vielleicht die Schlacht hingehalten, wenn nicht gar ihren Ausgang beeinflußt. Die meisten hatten allerdings unbrauchbare Springfield-Karabiner, die verklemmt oder überhitzt waren. Zu den verbesserten Waffen gab es auch verbesserte Munition. Die Zündung der Patronen vom Rand aus ging über zur Mitte, wie noch heute gebräuchlich. Die Hülse wird aus gezogenem Messingrohr hergestellt, an deren Basis die Zündkapsel liegt. Bis etwa 1880 lief diese Entwicklung über Papier und Haut (aus tierischen Eingeweiden) zu Hülsen aus Metall, die schließlich auf den heutigen Stand vervollkommnet wurden, so daß sich kaum eine Abwandlung mehr zeigt.

Links: Luxusausführung des vom Laufende zu ladenden Ferguson-Gewehres mit Zügen, hergestellt 1782 von Durs Egg für den Prinzen von Wales, den späteren König Georg IV. Lauf und Schloß mit Goldeinlegearbeit; mit festem Abdrücker und silbernem Monogrammschild.

Rechts oben: Dieses Ferguson-Gewehr gehört zu der Art, die gern als Offiziersgewehr bezeichnet wird, der militärischen Form halber und wegen der guten Ausführung. Der Bügel ist abgeklappt und das Laufende freigelegt; es kann durch die Öffnung zwischen Hammer und der Pfanne gesehen werden. Diese Gewehre sind jetzt sehr selten und fest in Sammlerhänden.

Rechts Mitte: Die Kentuckyflinte, auch bekannt als der Amerikaner, Pennsylvanier oder die Langbüchse, hat den Ruf, verläßlich und genau zu sein. Das abgebildete, sehr schöne Stück ist von S. Miller signiert und stammt etwa von 1810. Der Schaft aus Ahornholz klingt in der Tönung gut zusammen mit dem umfangreichen, schmückenden Messingbeschlag mit aufgesetztem Behältnis an der Kolbenseite. Viele der alten Kentuckys mit Steinschloß wurden später in solche mit Zündschloß umgewandelt, und so überlebte der allgemeine Eindruck vom Äußeren der Waffe bis weit in die Jahre nach 1840. Überraschend ist auch, daß manche Kentuckys in Lüttich für den Export angefertigt wurden, komplett mit amerikanischen Angaben darauf, zur Verunsicherung heutiger Sammler.

Rechts unten: Als in England um 1810 das Scharfschützenkorps, später Rifle Brigade, geschaffen wurde, entschloß man sich, es mit Gewehren nach dem Patent von Ezekiel Baker, Waffenschmied in Whitechapel, auszurüsten. Hier ist ein Freiwilligen-Baker-Gewehr abgebildet, das etwa 1810 von Wallis hergestellt wurde. Das Gewehr wurde in verschiedenen Ausführungen von verschiedenen Herstellern gefertigt. Die Beliebtheit der Waffe war so groß, daß manche Kolonialregimenter sie noch 1850/53 als Ausrüstung für Kämpfe in Afrika erhielten.

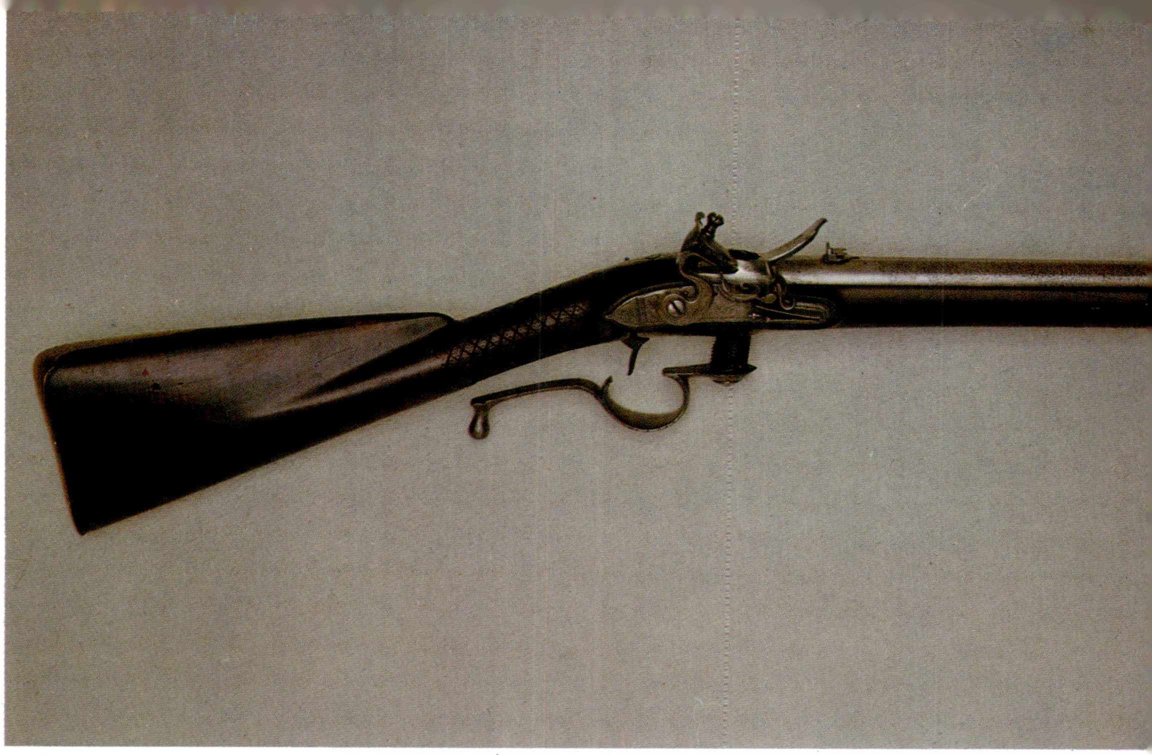

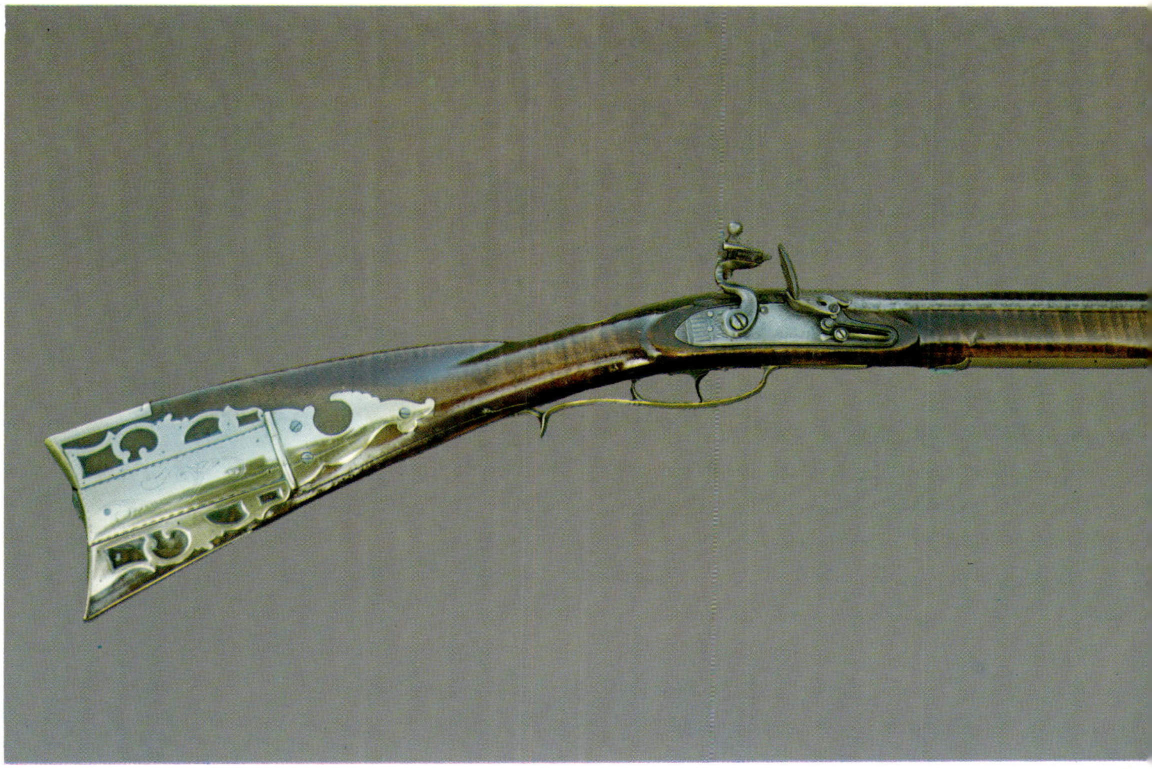

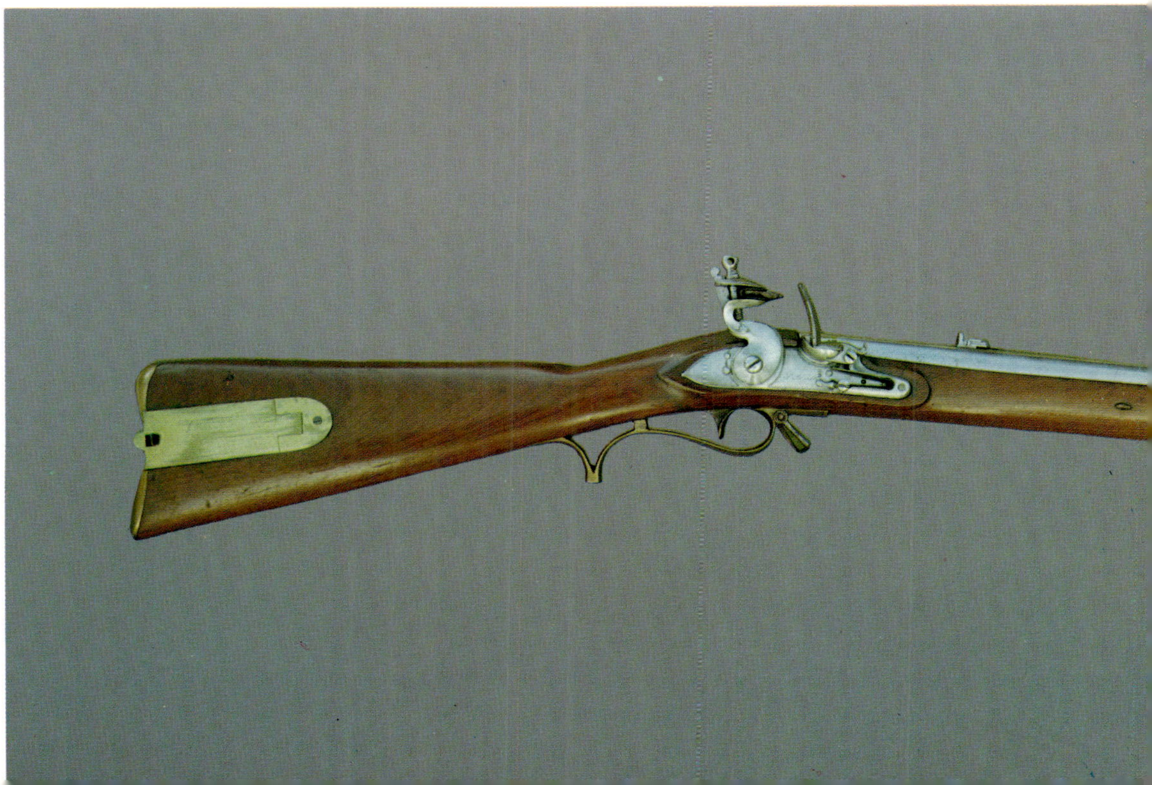

Links: Die Enfield Pattern 1853, Kaliber .577, war vielleicht zu ihrer Zeit der erste Vorderlader mit Zündschloß. Sie wurde in vier größeren Kriegen innerhalb von zehn Jahren verwendet, darunter der amerikanische Sezessionskrieg, für den viele tausend Enfields sowohl von den Konföderierten als auch von der Union gekauft wurden. Abgebildet sind von oben nach unten: die Standard-Enfield mit dreifachen Bändern, eine Snyder-Umwandlung für Patronen von 1867 und zum Vergleich ein Jagdgewehr deutscher Art mit Zündschloß, wie es nach den frühesten in die Vereinigten Staaten importierten Steinschloß-Gewehren entwickelt wurde.

Unten: Das Stift-Zündsystem, entwickelt vom Franzosen Casimir Lefaucheux vor 1830, war auf dem Festland sehr beliebt. Muster derartiger Waffen wurden auf der Industrieausstellung in London 1851 gezeigt, fanden in England jedoch nie wirklich Anklang. Hier ein doppelläufiges Beispiel mit geschickt geformtem Schaft und geschickt ausgearbeiteter Backenanlage.

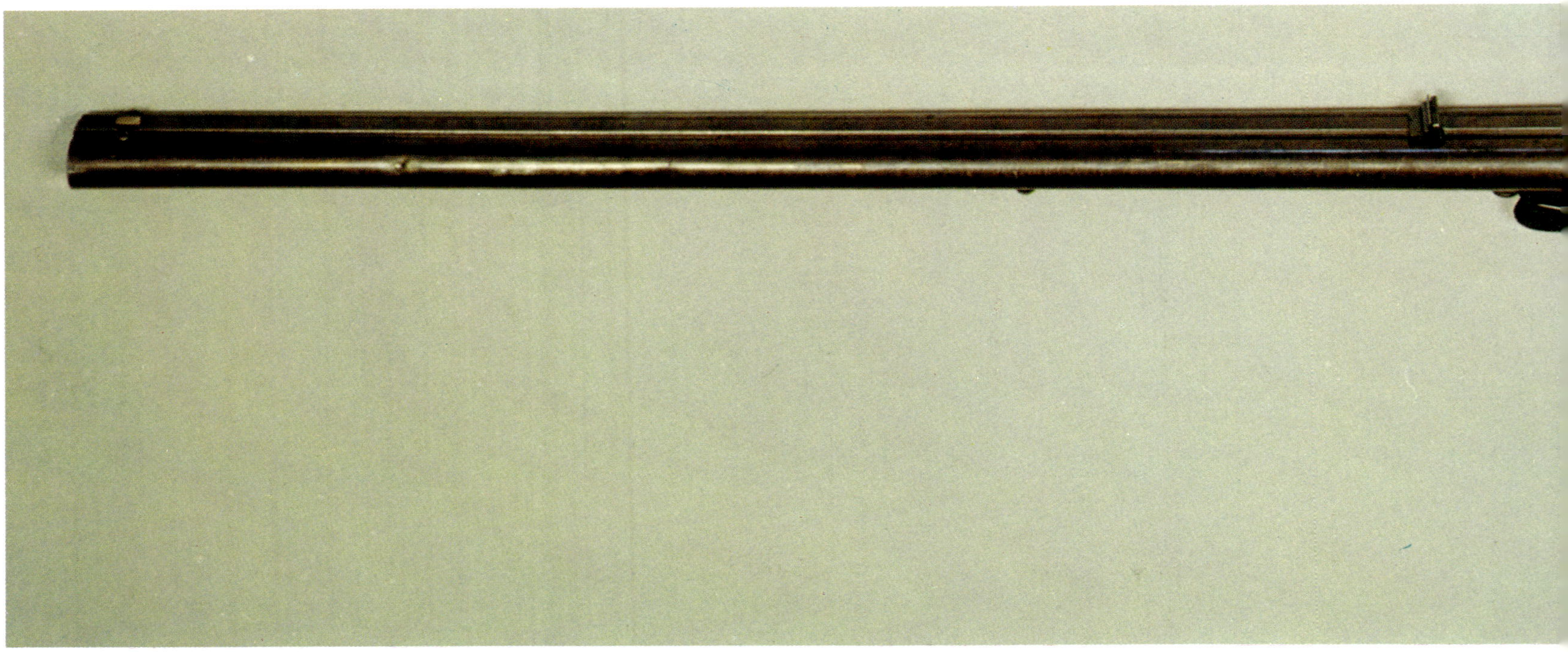

Ganz unten: Das amerikanische Unternehmen Sharp hat viele Jahre lang gute Gewehre produziert. Etwa 6000 Gewehre in der frühen vom Laufende her zu ladenden Ausführung von Christian Sharp wurden 1855 von der englischen Regierung gekauft, aber der große Aufschwung kam erst mit dem Sezessionskrieg. Hier das neue Modell von 1863, vereinfacht gestaltet, ohne Behältnis am Kolben und ohne anderes Beiwerk. Das Kaliber .52 mit 56 cm Lauflänge war sehr beliebt.

Rechts: Zuoberst eine Lebel 8 mm mit Karabinerverschluß, Modell 1886, darunter der Dandestean-6,5-mm-Karabiner, Modell 1895. Im Vergleich zu beiden darunter das bewährte Remington-Rücklauf-Einschußgewehr in der Karabinerausführung. Viele tausend dieser Waffe Kaliber .43 wurden in den Mittleren Osten verkauft, aber auch in europäische Länder. Der Hammer ist halb zurückgezogen, und der kleine Hebel direkt davor kontrolliert den Zugang zum Lauf. Bei seinem Zurückziehen wird die verbrauchte Hülse ausgeworfen, und eine neue Patrone kann eingeführt werden.

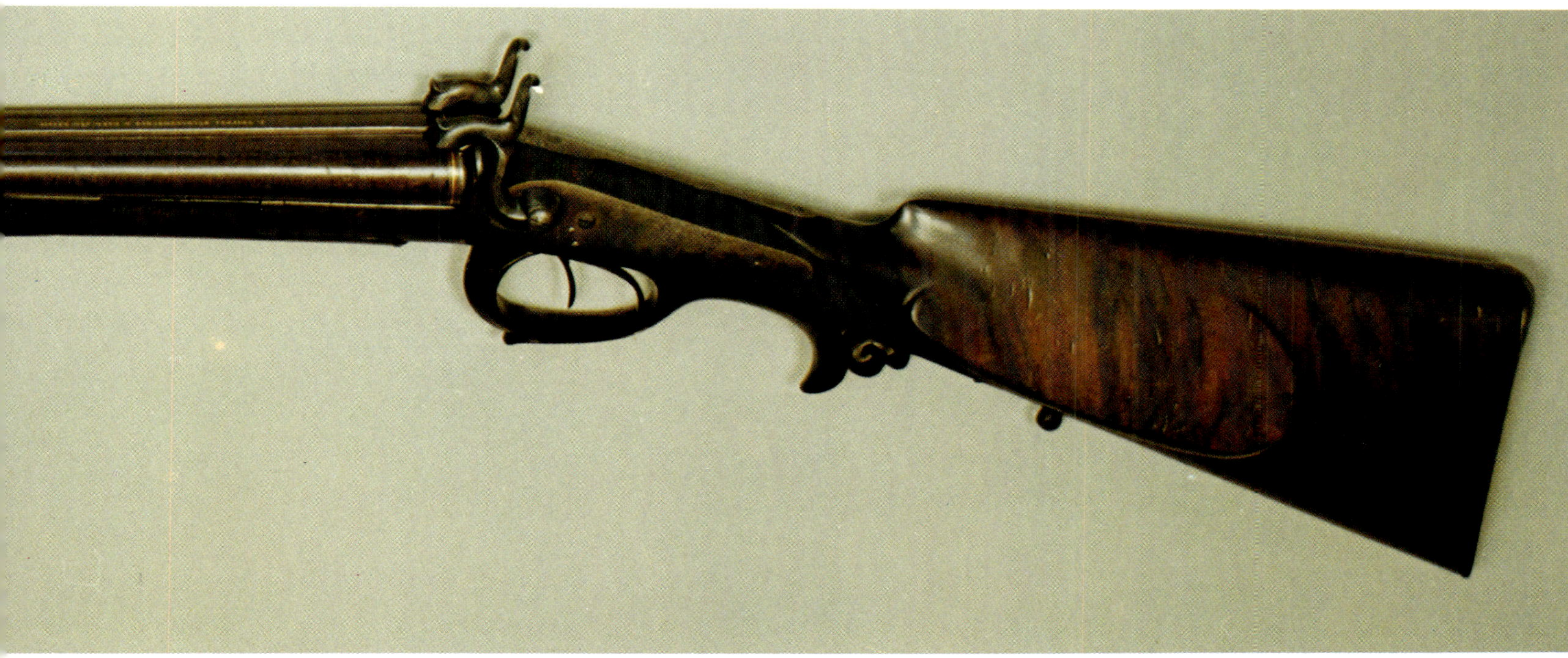

Links oben: Als die Vereinigten Staaten 1917 in den Ersten Weltkrieg eintraten, war dort das übliche Dienstgewehr die Springfield .300, Modell 1903 (unten). Zu dieser Zeit war jedoch die Produktion der .303, Modell P'14, für England bereits auf vollen Touren (entgegen allen späteren Behauptungen). Mit nur geringen Änderungen entstand daraus das Modell '17 mit Kaliber .300 (oben). Das Seitengewehr oben wurde auch im Zweiten Weltkrieg im Kampf gegen die Japaner verwendet. Die vorher gebräuchliche Art (unten) erwies sich im Vergleich mit den längeren Gewehren und den längeren Bajonetten der Japaner als nachteilig und wurde aufgegeben.

Links unten: Die Gewehre aus dem Ersten Weltkrieg sind sich im Prinzip alle ähnlich. Oben die französische Lebel 8 mm, Modell 1886, mit eingebautem Magazin. Das gleiche System zeigt das zweite Gewehr, die deutsche Mauser 7,92 mm, Modell 98. Darunter die gebräuchliche englische Kaliber .303 Mark II von Short, Magazin von Lee Enfield.

Unten: Das Karabiner-Hebelsystem, das die Klappen, Zieher und anderen Vorrichtungen im späten 19. Jh. ersetzte, erschien überall in ähnlichen Formen. Unten, von links nach rechts: zwei verschiedene kanadische Mark Ross Mark III .303; Mark II; Lee Enfield Mark I; schließlich eine Pattern P'14. Allen gemeinsam ist das Magazin vor dem Abzugsbügel, das zehn Schuß faßt; durch Betätigung des Karabinerhebels erfolgt Laden und Auswerfen.
Siehe auch Seite 1

Schnellfeuerwaffen

Vorhergehende Doppelseite: *Eines der bekanntesten leichten Maschinengewehre der Engländer im Zweiten Weltkrieg war das .303 Bren-Gewehr, das erstaunlich genaues Zielen zuließ. Bei dem abgebildeten Stück ist die Verkleidung entfernt, um den Mechanismus zu zeigen. Die Feder im Magazin hält die Munition ständig unter Druck.*

Rechts: *Die amtliche Bezeichnung war zwar .45 Thompson-Maschinengewehr, aber allgemein wurde die Waffe nur die Tommy genannt. Die Ausführung mit Trommelmagazin wurde noch weit in den Zweiten Weltkrieg hinein verwendet, dann aber ersetzt durch das Kastenmagazin (rechts unten).*

Wenn fünftausend rhodesische Eingeborene Welle um Welle einen kleinen englischen Militärposten mit etwa fünfzig Soldaten angreifen und dabei zu Tausenden abgeschlachtet werden, dann muß man erkennen, daß tatsächlich eine neue Epoche in der Geschichte der Kriegswaffen begonnen hat. Die wenig schöne moralische Seite dieses Geschehens müssen wir hier nicht erörtern. Dagegen müssen wir feststellen, daß an diesem blutigen Tag des Jahres 1893 das Maxim-Maschinengewehr seinen ersten grausamen Auftritt hatte.

Um die Mitte des 19. Jh.s hatten die Feuerwaffen einen Stand der Vervollkommnung erreicht, der sicherlich die Waffenschmiede um 1800 — hätten sie diese neuen Dinge sehen können — außerordentlich erstaunt hätte. Mehr noch, er hätte diese Erfinder der alten Lunten- und Radschlösser mit Schrecken erfüllt. Dennoch herrschte für viele der Eindruck vor, daß die Entwicklung noch lange nicht abgeschlossen sei. Von nun an richtete sich das Denken der modernen Waffenkonstrukteure auf mechanisch oder maschinell betriebene Feuerwaffen.

Freilich waren sie dabei auf längst bearbeitetem Boden. Mehrfachgewehre vieler Art, manche höchst sonderbar und unpraktisch, andere durchaus brauchbar, gab es seit dem 16. Jh. Eine dieser Erfindungen, als Puckle-Maschinengewehr bezeichnet, schaffte es sogar bis zur Prüfung vor der Waffenkommission. Die Idee stammte von dem Londoner Notar James Puckle und wurde 1718 patentiert. Die Waffe hatte nur einen Lauf, an dem ein Zylinder anhing mit einer Anzahl Kammern. Er wurde von Hand gedreht, hatte aber hinten einen Handgriff, mit dem er an den Lauf angeschraubt wurde. Die Öffnung jeder Kammer war konisch und paßte in die entsprechende Vertiefung am Laufende, so daß dichte Verbindung erzielt wurde. Berichte der Zeit behaupten, daß ein Mann damit »63mal schoß in 7 Minuten, obwohl es regnete. Es konnte eine große oder 16 Musketenkugeln bei jedem Abschuß ausgestoßen werden«. Der Erfinder erbot sich — sicher aus religiösem Feingefühl —, jedes Gewehr mit einer Trommel zu versehen, die runde Geschosse gegen Christen und eckige gegen Ungläubige und Türken verschießen würde!

Puckles Gewehr war natürlich noch kein Maschinengewehr, ebensowenig wie eine andere bekannte Waffe, die Gatling. Diese Erfindung von Dr. Richard Gatling, einem Arzt, kam zuerst 1862 heraus und soll sogar Abraham Lincoln vorgeführt worden sein. Von der US-Regierung wurde sie 1866 übernommen. Sie hatte mehrere Läufe und unterschiedliche Kaliber (bis zu .58!), und die Läufe wurden durch eine Handkurbel gedreht. Die Feuergeschwindigkeit betrug 200 je Minute, später 1500.

Dieser Gatling, die einen Dichter der Zeit zu einer in englischen Ländern unsterblichen Zeile inspirierte: »Die Gatling verklemmt und der Oberst tot ...«, folgten andere Mehrfachgewehre, vor allem die Hotchkiss, die gegen den Großfußstamm der Sioux bei Wounded Knee 1890 so grausam eingesetzt wurde. Aber erst die Maxim brachte den unbestreitbaren »Erfolg«. Hiram S. Maxim, ein Amerikaner, der dann Engländer wurde, kam auf die Idee, als seine Schulter durch einen Rückstoß eines Gewehrs beim Scheibenschießen üble blaue Flecke davontrug. Er überlegte, daß die Kraft des Rückstoßes dann auch in der Lage sein müßte, alle Handhabungen der Waffe zu betreiben. Sie wäre dann »automatisch«, was bedeuten würde, daß die Gase des Abschusses der ersten Patrone Verwendung fänden, um den Hahn wieder zu spannen, wieder zu laden und wieder zum Abschuß fertig zu machen. Diese Überlegung erwies sich als richtig; die Waffe war also halbautomatisch, weil jeder einzelne Schuß noch durch den Abdrücker von Hand ausgelöst werden mußte.

Auf Maxims Konstruktion folgten schnell andere Lösungen dieses Problems. John M. Browning fabrizierte vollautomatische Maschinengewehre für Colt; die Engländer fertigten Vickers- und Lewisgewehre, und im übrigen Europa war man auch überall an der Arbeit. Bis zum Ersten Weltkrieg waren die Truppen überall mit Maschinengewehren ausgerüstet; nur besonders konservative Generäle unterschätzten sie. Die großen Verluste der Engländer am 1. Juli 1916, dem ersten Tag der Schlacht an der Somme, lieferten den Beweis. Der frontale Tagesangriff gegen Stacheldrahtverhaue und Maschinengewehre war nicht mehr möglich. Die deutschen Verluste bei Langemarck hatten der anderen Seite dasselbe bereits vorher klargemacht, 18. 10. bis 30. 11. 1914.

Aus den frühen deutschen Maschinengewehren mit den Bezeichnungen MG 99 und MG 08, die eher Kleingeschützen auf Lafetten ähnelten, war im Ersten Weltkrieg das MG 08/15 geworden. Diese sehr viel leichtere Waffe auf Gabelstützen bot nun die Möglichkeit, im Anschlag von der Schulter aus zu schießen. Patronen konnten mit Gurt oder aus Magazinen zugeführt werden. Alle Erfahrungen des Ersten Weltkrieges mündeten schließlich im MG 34, das über die Friedensjahre und lange darüber hinaus als vortreffliche Waffe die Szene beherrschte.

Erst die Notwendigkeit des Kriegsgeschehens führte im Jahr 1940 dazu, den Bau der Maschinengewehre neu zu durchdenken. Die für den Waffennachschub zuständigen Stellen sahen sich einer Situation gegenüber, daß in immer größerer Zahl für den Ersatz verbrauchter Schnellfeuerwaffen ebenso wie für die Bewaffnung neu aufgestellter Einheiten gesorgt werden mußte. Dieser Nachschub nahm bei Maschinengewehren bislang nicht erwartete Größenordnungen an.

Die Herstellung des bisherigen und bewährten MG 34 erfolgte in alterprobten Fabriken nach bester Waffenmeistertechnik, die auch die Massenfertigungstechnik erfolgreich überlebt hatte. Alle Einzelteile wurden mit spanabhebender Technik gefertigt, also durch Drehen oder Fräsen aus Werkstücken in sich immer weiter verknappenden Stahllegierungen. Damit wurde zwar größte Präzision erreicht, aber auch für die kämpfende Truppe entsprechende Empfindlichkeit der Waffe, die daher größte Pflege und ständiges Ölen bei Abgabe mehrerer Schußrunden verlangte.

Nach neuer Vorstellung sollte nun eine Waffe entstehen, deren Einzelteile in der Hauptsache — vom Lauf abgesehen — nach Art moderner Industriefertigung durch Stanzen und Prägen aus Blechen geschaffen werden sollten. Neben leichterer Herstellung war dabei auch an größere Toleranzen gedacht, die ihrerseits auch im Gebrauch der Waffe eine gewisse Verschmutzung zulassen würden, ohne zu Ladehemmungen oder Unbrauchbarkeit zu führen. Diese Vorstellungen hatten Versuche mit verändertem Antrieb zur Grundlage; man dachte an Gasdrucklader, entschied sich dann aber für einen Rückstoßlader.

Typisch für das immer wieder festzustellende menschliche Beharrungsvermögen, und die Unmöglichkeit, rechtzeitig neue Vorstellungen zu erfassen, ist auch hier wieder die Tatsache, daß die bewährten Waffenfabriken, die das MG 34 herstellten, nicht folgen konnten und die Fertigung der neuen Waffe mit der Bezeichnung MG 42 daher für wesentliche Teile und den Zusammenbau neuen Firmen mit Erfahrung in der Prägetechnik anvertraut werden mußte. Immerhin konnten aber größere Konstruktionselemente des MG 34 übernommen werden, weshalb auch bei der Truppe keine Schwierigkeiten in der Umbewaffnung entstanden. Neu sind Bolzen- und Verschlußsystem, mit Zuführgurt und Auswerfer, deren Wirkung so konstruiert ist, daß Schußgeschwindigkeiten von 1200 bis 1400 Schuß in der Minute möglich wurden.

Das MG 42 hat sich unter allen klimatischen Bedingungen bewährt, die der Zweite Weltkrieg nur allzu reichlich und vielfältig mit sich brachte, und es kann auch heute noch als eine der modernsten Waffen gelten. Sie ist bei der Nato eingeführt, Kaliber 7,62 mm, in der Bundesrepublik Deutschland jetzt unter der Bezeichnung MG 3, ebenso in Italien als MG 42/59, in Jugoslawien mit Kaliber 7,92 als Modell 53.

Neben den Maschinengewehren wurden auch kleinere automatische Waffen entwickelt. Ein rückstoßbetätigter Revolver wurde von Georg V. Fosbery erfunden und durch Webley hergestellt, blieb aber eher eine Rarität. Die Fachleute um die Jahrhundertwende hatten sich vielmehr

auf halb- und ganzautomatische Pistolen verlegt, und alle Länder, Frankreich, Deutschland und Amerika, arbeiteten in gleicher Richtung. Aus Deutschland kamen zwei sehr bewährte Pistolen, die Mauser und die Luger. Für die Mauser 1898 mit dem Spitznamen »Besenstiel« hatte Winston Churchill eine besondere Vorliebe, und als Berichterstatter hatte er sie 1898 beim Angriff auf Omdurman am Weißen Nil bei sich.
Auch die Luger wurde viel verwendet, noch während des Zweiten Weltkrieges, und ist noch heute sehr geschätzt. Aus Japan kam die Nambu, die in unterschiedlichen Formen in beiden Weltkriegen bei den dortigen Streitkräften sehr beliebt war. Die Pistolen von Pietro Beretta werden allgemein als Italiens größte Errungenschaft auf diesem Feld angesehen und werden viel in der Literatur genannt. Ebenso bekannt ist auch der Beitrag Amerikas, der Colt-Browning, Modell 1911, Kaliber .45, er hat seit diesem Jahr an jedem Krieg teilgenommen.
Alle diese Pistolen wurden immer weiter verbessert; dazu gehören auch Schalldämpfer. In der Literatur und in Filmen werden sie vor allem auf Revolver aufgesetzt, was völlig sinnlos ist, weil der knallförmige Austritt der Verbrennungsgase zwischen Trommel und Lauf ohnehin

Oberes Bild: *MG 42 ohne Patronengurt, aufgebaut mit heruntergeklapptem Zweibein und darüber aufgerichtetem Korn. Am Laufende durch Visierhebel verstellbare Kimme.*

Unteres Bild: *Mit geöffnetem Deckel zum Einlegen des Patronengurtes bereit. Deutlich sichtbar der dahinter seitlich angebrachte Griff zum Spannen der Schließfeder.*

nicht verhindert werden kann. Wenn also Schalldämpfern eine gewisse Wirkung zukommt, dann nur bei Pistolen.
Auf der Suche nach der überragenden Waffe ist der Mensch mit der heutigen Konstruktion der Feuerwaffe sehr weit fortgeschritten; zu weit, sagen manche. Tatsächlich steht die Frage, ob dieser Fortschritt erfreulich und sinnvoll ist, auf einem anderen Blatt. Wir wissen aber nicht, was uns noch erwarten kann. Vielleicht wird das heute gebräuchliche Geschoß seinerseits durch eine noch andere Aussendung abgelöst, vielleicht durch die berühmte Strahlung der Zukunftsromane; heutige Anwendungen z. B. der Laserstrahlen deuten bereits in diese Richtung. Wenn wir es überleben, werden wir es wissen.

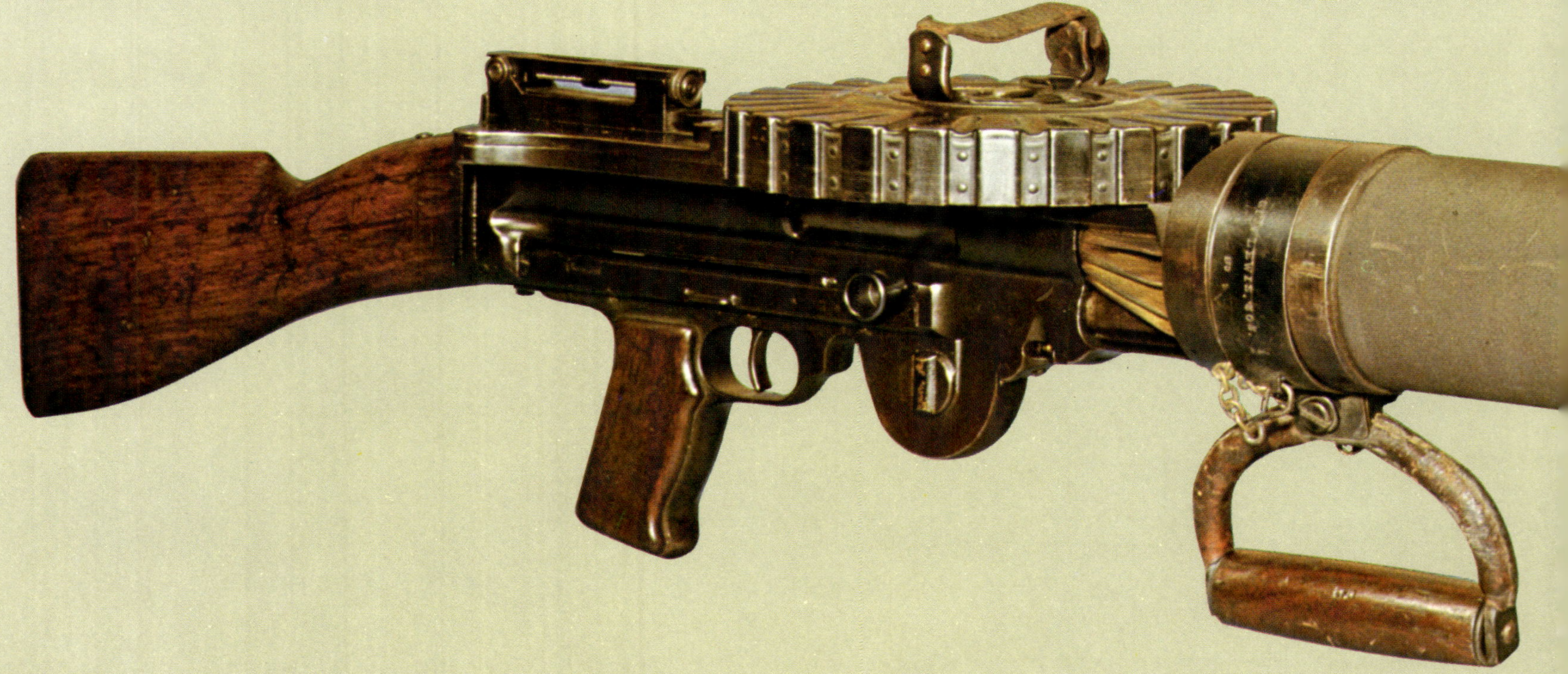

Linke Seite außen: Dieses kompliziert aussehende Marine-Gatling-Gewehr ist in der Bauweise dieselbe Waffe, die bei den Reitern in den Indianerkriegen auf einem kleinen Karren vom Pferd hinter sich her gezogen wurde. Dr. Richard Gatlings Gewehr ist noch kein eigentliches Maschinengewehr, sondern mußte mit der am Ende befindlichen Handkurbel in Schußposition gedreht werden. Es geht auf das Jahr 1860 zurück und war im ganzen doch so zuverlässig, daß es bis heute überlebt hat. Abweichend von einem Maschinengewehr besteht die Gatling aus einem Kranz von Läufen, die einer nach dem anderen zum Schuß kommen, wodurch auch bessere Kühlung erreicht wird. Das entsprechende heutige Modell ist die US Air Force Vulcan 20 mm mit sechs Läufen; es kann etwa 6000 Schuß in der Minute abgeben.

Linke Seite innen: Hiram Maxim, der amerikanische Erfinder, wurde in England geadelt. Um 1883 erfand er das erste automatische Maschinengewehr, das sich durchsetzte. Die hier gezeigte Ausführung mit Wasserkühlung ist ein späteres Modell und ein Beispiel für die Entwicklung dieser Waffe.

Rechts: Dieses Vickers-Maxim-Maschinengewehr, Kaliber .45, Modell 1894, sieht besonders ausgefallen aus. Es ist voll verkleidet und ähnelt eher einer frühen Filmkamera als einer Schußwaffe, war jedoch sehr gefährlich.

Unten: Die abgebildete Lewis ist ein besonders interessantes Beispiel der leichten Ausführung früherer Maschinengewehre. Sie begann als Gewehr für den Beobachter im Flugzeug; von dieser Vergangenheit her hat sie noch den Spatenhandgriff in der Mitte unten. Später wurden der sonst übliche Schaft, das Zweibein vorn und andere Verbesserungen hinzugefügt. Das Tellermagazin oben hielt der Gewehrmechanismus in Gang.

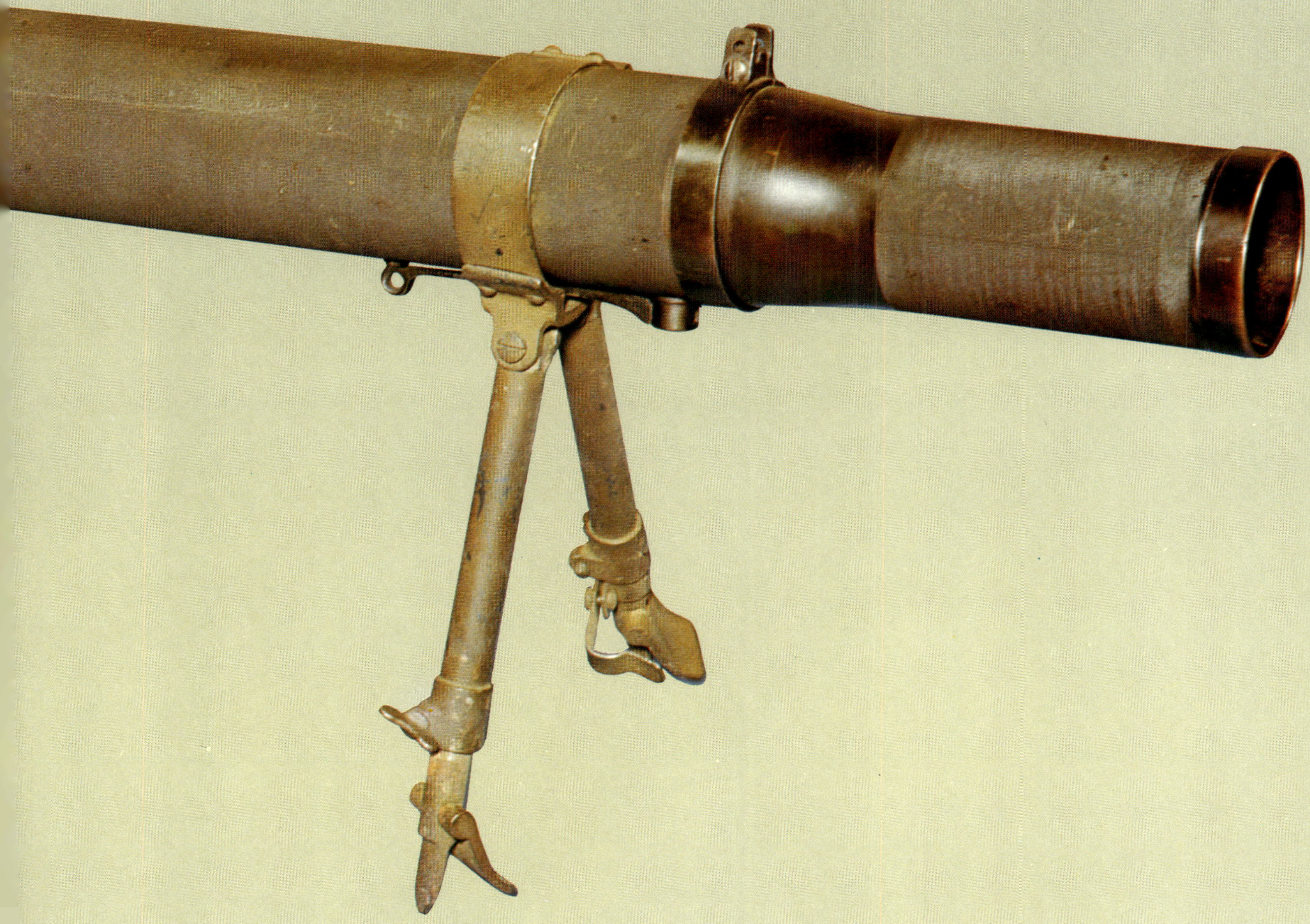

Rechts innen: Diese französische Ausgabe der Hotchkiss feuert ihre 8-mm-Kugeln mit tödlicher Präzision. Sie ist rückstoßfrei und hat einen Sattelsitz für den Schützen.

Rechts außen: Das mittelschwere Schwarzlose-Maschinengewehr aus Österreich verwendet 8-mm-Kugeln und gibt 400 Schuß in der Minute ab. Es gibt verschiedene Ausführungen; Patronen werden mit Gurt zugeführt. Die Waffe in der Abbildung hat offen liegende Zielhilfen und eine Reichweite von 2000 Metern. Besonders beachtlich ist die eingebaute Segment-Vorrichtung, die es ermöglicht, das Gewehr steil nach oben einzustellen.

Unten: Dieses erstaunliche Gefährt ist die wassergekühlte russische Ausführung der Maxim Modell I, in Rußland gebaut und auf sehr kräftige Räder gesetzt, die auch für schweres Gelände geeignet sind. Zielvorrichtung und Höhe der Lauflage sind mit Schraube und Stange oben bzw. Hebelgriff unten verstellbar.

P. BERETTA-Cal. 9 CORTO-Mº1934-BREVETTATO
GARDONE V.T 1936-XIV
V 0292
VKT

Links: Das grundlegende Prinzip der Pistolen hat in den letzten 75 Jahren kaum Änderungen erfahren, und doch sind die Unterschiede im Äußeren beträchtlich. Oben die japanische 8 mm Nambu Taisho 4. In der Mitte die Beretta 9 mm, Modell 1934, die auch in Amerika mit .380 A.C.P. oder automatischer Colt-Pistolenmunition vertreten ist. Diese Pistole für sieben Schüsse war sehr beliebt und wurde mehrfach verbessert. Unten die finnische Lahti 9-mm-Pistole, ein Luger-Typ.

Rechts oben: Die beiden bekanntesten Pistolen in Deutschland sind die Mauser und die Luger. Oben eine sehr schöne Mauser mit dem dazugehörenden, einzigartigen Halfter aus Holz, der zugleich auch als Karabinerschaft an die Pistole angebracht werden kann. Die Waffe unten gilt als eine der berühmtesten in der Waffenwelt. Die grundlegende Konstruktion verdankt viel der Arbeit von Hugo Borchardt, der damals zeitweilig in der Winchester-Fabrik arbeitete. Die Verbesserungen von Georg Luger waren dann so bedeutend, daß sie der Waffe seinen Namen gaben, sofern nicht der Begriff Parabellum bevorzugt wird. Das mit acht Patronen bestückte Magazin befindet sich im Griff, das Kaliber ist 9 mm. Von Schützen und Sammlern heute gleichermaßen gesucht.

Rechts Mitte: Die erste automatische Mauser-Pistole wurde 1898 mit Kaliber 7,63 mm hergestellt, und der junge Winston Churchill kaufte eine der ersten, die nach England kamen. Sammler nennen sie gern Besenstiel nach der Form des Griffs. Wenn der Schaft montiert wird, der als Halfter dient, kann sie gut ein kleiner Karabiner sein.

Rechts unten: John Browning leistete Pionierarbeit für viele Entwicklungen bei Pistolen und Maschinengewehren. Unter seinen frühen Erfolgen, als er für die Colt-Gesellschaft in Hartford arbeitete, war die beliebte automatische Pistole mit Kaliber .45 von 1911; sie ist bis auf den heutigen Tag die Grundlage der Colt-Waffen. Die hier gezeigte Pistole ist zwar von der belgischen Fabrique Nationale (F. N.) hergestellt, ähnelt aber sehr dem ursprünglichen Browning-Modell von 1911, allerdings mit Verbesserungen. Sie läuft unter dem Namen »Browning-Auto-Pistole, Kaliber 9 mm, Parabellum«. Allerdings ist die Ausführung mit der eindrucksvollen Gravur etwas Besonderes.

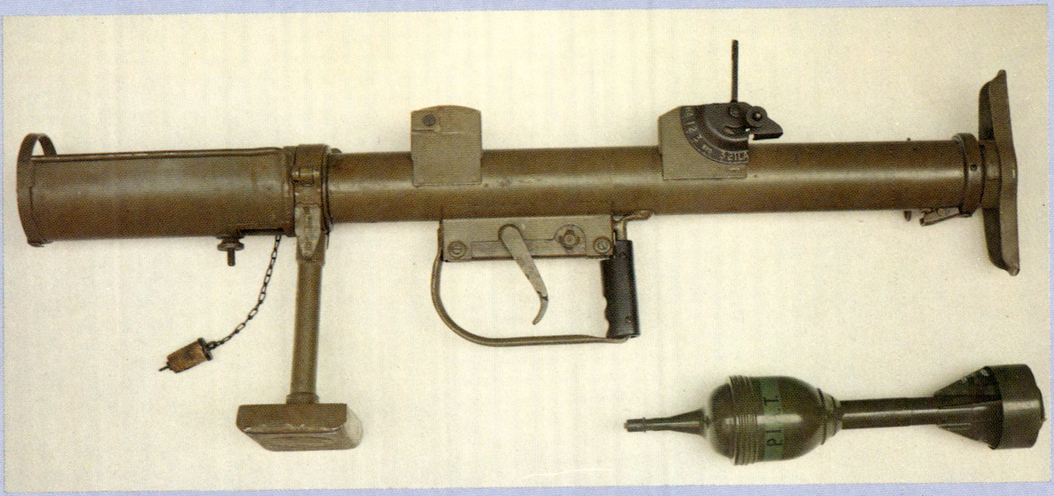

Links: Die Entwicklung wirksamer Waffen zur Panzerbekämpfung wurde in den letzten Jahrzehnten immer wichtiger. Die Bazooka der USA und das englische Anti-Tank-Gewehr waren nur zwei von vielen. Später entwickelte Waffen berücksichtigten die verstärkten Panzer, denen sie durchaus entgegentreten konnten. Gezeigt ist hier ein typisches panzerbrechendes Gewehr, die P.I.A.T., mit dem ebenso typischen Geschoß.

Unten: Das russische P.P.P.S.L.K.-Schnellfeuergewehr, das obere der beiden abgebildeten, hat das Aussehen einer Thompson. Darunter ein deutscher Bergmann-9-mm-Schnellfeuerkarabiner. Er ist hier mit einer Trommel bestückt, aber andere waren mit 32 Schuß

haltenden Kastenmagazinen ausgerüstet und hatten 1000 m Reichweite.

Rechts: Die Ursachen für die Beliebtheit des Bren-Gewehrs waren neben der Genauigkeit vor allem das geringe Gewicht und die Durchschlagskraft. Bemerkenswert war auch die leichte Handhabung im Gelände. Ein weiterer Vorteil lag in der Möglichkeit, entweder kurze Feuerstöße abzugeben oder eine Folge von Einzelschüssen. Die tschechische Herkunft erklärt den Namen, der aus den Anfangsbuchstaben gebildet ist von *Br*ünn, wo es entworfen wurde, und *En*field, der britischen Kleinwaffenfabrik, in der es gebaut wurde. Siehe auch die Abbildung einer solchen Waffe auf den Seiten 80/81.

Links oben: Die Tschechoslowakei, die schon so viele Leicht-Maschinengewehre herstellte, verbessert laufend frühere Konstruktionen. Oben ist der Skorpion abgebildet, der sich schon im Äußeren deutlich abhebt. Darunter das Schnellfeuergewehr Uzi aus Israel, das seinen Wert in den letzten Kriegen dort bewiesen hat.

Mitte: Die englische Sten Gun, offiziell als Sten-Maschinenkarabiner bezeichnet, gibt es in mehreren Ausführungen. Dies ist die Mark II, ausgestattet mit dem häufigeren Rahmenschaft, im Gegensatz zur geraden Fassung mit flachem Schaft, der sonst üblich ist bei den meisten Mark-II- und Mark-III-Formen. Diese robusten Waffen konnten über 500 Schuß in der Minute abgeben, was freilich davon abhing, wie schnell der Schütze die 32 Schuß fassenden Magazine wechseln konnte.

Rechts unten: Obwohl diese Schnellfeuergewehre nicht so bekannt sind wie etwa die Thompson, sind sie doch beachtlich, trotz ihrer Einfachheit. Oben die australische Owen, mit Tarnanstrich; unten die dänische Madsen. Beachtlich die Anbringung der Magazine.

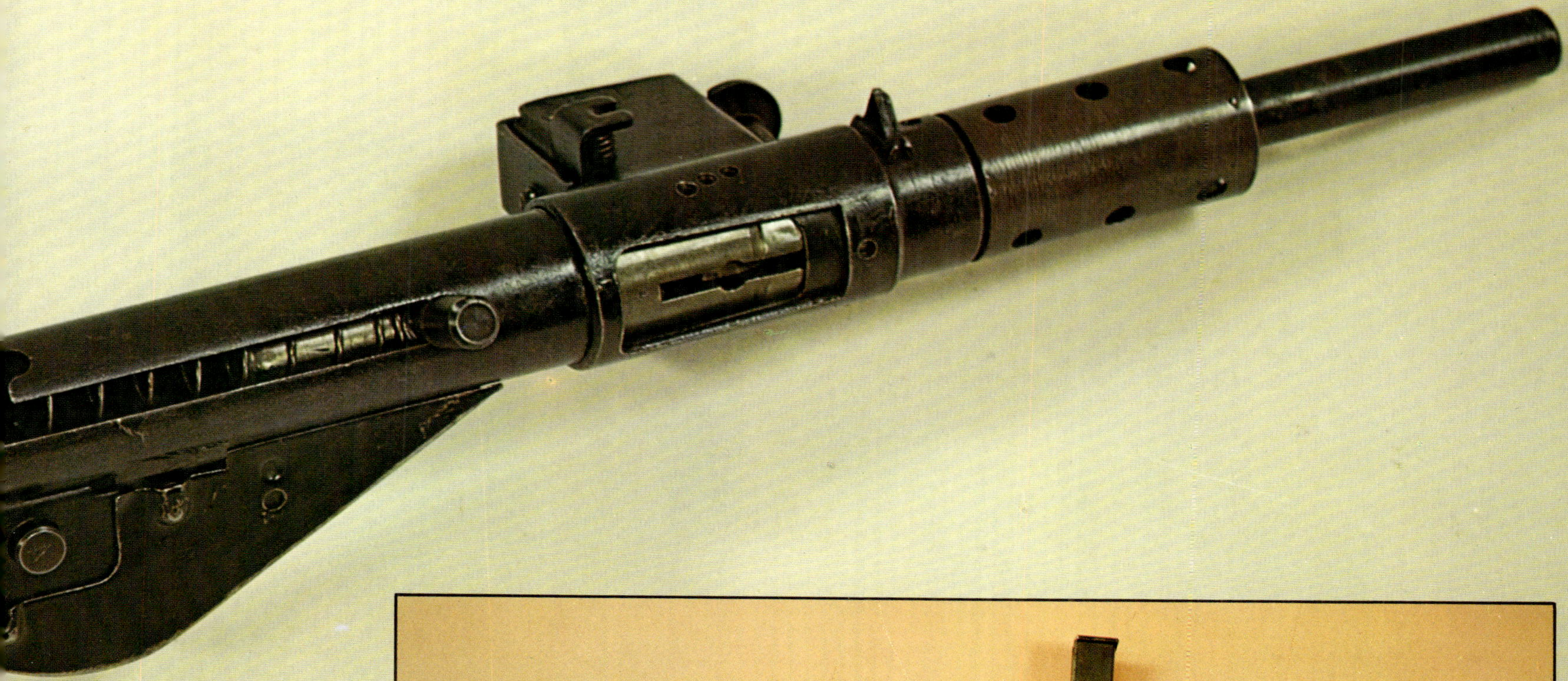

Links: Ein etwas eigenwilliges Aussehen haben die meisten japanischen Kriegswaffen, aber das leichte Maschinengewehr Nambu war recht wirkungsvoll. Derartige Waffen mit nur den allernötigsten Teilen waren ausgesprochen tödlich in engem Raum und im Dschungelkrieg. Die außergewöhnliche spiralenförmige Gestaltung des Laufes diente der Kühlung.

Unten: Die Colt-Feuerwaffen haben seit 1835, als Samuel Colt zuerst seinen Revolver in England patentieren ließ, die ganze Runde der überhaupt möglichen Waffen abgeschritten. Diese Bild zeigt, was dabei herausgekommen ist. Links eine im Handel allgemein erhältliche Armalite. In der Mitte und rechts zwei Militärausführungen der M-16-Schnellfeuergewehre, wie sie von den USA-Streitkräften in Vietnam benutzt wurden. Die mittlere Waffe ist mit Zielfernrohr ausgerüstet. Ein ähnliches Gewehr gibt es als AR-15-Sportmodell, das sich in der Funktion wenig von den Militärmodellen unterscheidet. Die M 16 wird mit Kaliber .223 (oder 5,56 mm) hergestellt und hält 5 Schuß im Magazin, doch kann dies mit Kastenmagazin auf 32 Schuß erweitert werden; dann sind 650 bis 850 Schuß in der Minute möglich.

Kaliber

Bei englischen und amerikanischen Waffen sind die Kaliber in Dezimalen von Zoll angegeben. Um eine Vorstellung des Kalibers in Millimetern zu gewinnen, kann mit zulässiger Vereinfachung mit 2,5 malgenommen werden. So entspricht also ein Kaliber .36 dann 9 mm, oder eines mit der Angabe .44 umgerechnet 11 mm.

Register

Seitenzahlen in *Kursiv* verweisen auf Abbildungen

Bildnachweis

Autoren und Verlag möchten für Unterstützung bei der Arbeit an diesem Buch folgenden Personen und Stellen danken:

Dr. A. Borg of the Tower of London Armouries and Mr. Hubert Woodend, Curator of Pattern Room, Royal Small Arms Factory, Enfield;
Armeemuseum, Ingolstadt 16/17 oben;
Bayerisches Nationalmuseum, München 66/67 Mitte;
Carlo Bevilacqua 4/5, 10/11 unten, 12 rechts unten, 14, 32 rechts oben, 86/87 unten, 87 oben, 89 Mitte, 90 oben, 91 oben, 92/93;
British Museum 8/9, 38, 64, 65;
F. N. Browning 66 oben, 89 unten;
Christies 24 oben, 34 unten;
Nino Cirani 68 oben, 69 oben;
Connecticut State Library Museum (Foto Gus Johnson) 51 alle;
Cooper-Bridgeman Library Vorsatz, 25 oben, 32 links oben, 32/33, 41 unten, 58/59, 76/77 unten;
Department of the Environment 8 oben, 28 oben und Mitte;
John Freeman 16/17 unten, 18/19 oben, 25 unten, 26/27, 34 oben;
Thomas Gilcrease Institute of American History and Art 48;
Gower Guns 68/69;
Sonia Halliday Photographs 13;
Michael Holford 12 links, 65;
Holland & Holland 67 oben;
Angelo Hornak 2/3, 20/21, 22 oben, 26 oben, 28 unten, 29, 30 rechts, 31, 36/37, 40/41, 41 oben, 42/43, 43, 44 unten, 45, 46/47, 49, 50, 54 oben, 54/55, 55 oben, 56, 58 oben und unten, 59 oben, 61 oben, 61 links unten, 73, 76 oben, 76/77 oben, 80/81, 82 oben, 84 oben links, rechts, 84/85, 88, 89 oben, 90/91, 92 oben, 93 unten, 94 beide;
Jago Museum 10/11 oben, 24 Mitte und unten, 70/71;
W. Keith Neal 39, 52/53 oben und unten, 75 Mitte und unten;
Edwin Meyer, Wien 15 oben, 35;
Museo Artiglieria, Turin 16/17 Mitte;
National Army Museum 42 rechts oben, 52 links, 72;
National Museum of Antiquities of Scotland 27 oben;
Phoebus Picture Library 1, 15 rechts Mitte, 60, 61 Mitte und unten, 77 oben, 78 oben und unten, 79, 86/87 oben;
Poldi Pezzoli Museum, Mailand 6/7;
Privatsammlungen 2/3, 22 oben, 26 oben, 28 unten, 29, 30 rechts, 31, 41 oben, 42/43, 43, 44 unten, 45, 50, 54, 61 links unten;
T. H. Porter 30 links;
Quebec Hause, Westerham, Kent (National Trust, Foto E. Tweedy) 22/23 unten;
Royal Armoury, Turin 10 links zwei;
Royal Scottish Museum 18/19 unten, 33 oben, 75 oben;
Royal Small Arms Factory, Enfield 49, 55 oben, 61 oben, 80/81, 82 oben, 84 links und rechts, 84/85, 88, 90, 91, 92 oben, 93 unten, 94 beide;
Scala 6/7, 10 links beide, 16/17 Mitte;
Smith & Wesson 57 beide;
Smithsonian Institution, Washington D.C. 44 oben;
Sothebys 15 rechts unten, 42 links oben 62/63, 66/67 unten;
Tower of London Armouries hintere Klappe, 8 oben, 15 rechts Mitte, 20/ 25 oben, 28 oben und rechts, 32 links oben, 32/33, 41 unten, 46/47, 54 oben, 56, 58 oben und unten, 58/59, 59 ob 73, 76 oben, 76/77 unten, 89 oben;
Victoria and Albert Museum, London 27 Mitte, 36/37, 40/41;
Vickers Ltd. 85 oben;
Wadsworth Atheneum, Hartford, Connecticut (Sammlung Oberst Sam Colt) 12 rechts oben, 18/19 Mitte;
Wallace Collection 15 links unten, 16/17 unten, 18/19 oben, 25 unten, 26/27, 34 oben;
Wehrgeschichtliches Museum, Rastatt (Foto: Karl-Heinz Lehmann) 83 beide;
Windsor Castle 74.